IA x WORK

Cómo la inteligencia artificial cambia tu trabajo

Fernando de la Rosa
@titonet

Primera edición: marzo de 2026

ISBN: 978-84-09-84869-0

Edición del libro: Fernando de la Rosa
Apoyado y mejorado con ChatGPT
Diseño de la portada: Esther Díaz, Vertigo Graphix
Revisión del texto: Oswaldo Reyes, Corrēctiō Boutique Editorial
Maquetación: www.marwork.net

A mi madre,
por acompañarme,
ayudarme,
apoyarme y
darme forma.
Yo soy su legado.

¿Qué encontrarás en este libro?

ÍNDICE

Si este es un libro sobre IA, lo lógico es que puedas apoyarte en ella a lo largo de la lectura, ¿no?

Así que puedes leerlo por tu cuenta o acompañado de un asistente IA basado en el propio contenido del libro.

Si en algún momento necesitas aclarar una idea, resolver una duda o ir un poco más allá, puedes consultarlo mientras avanzas.

Accede aquí o escanea el código QR:

https://bit.ly/4s9EtVN

Cap0.

Este libro se ha escrito con inteligencia artificial

• CAPÍTULO 0

Este libro se ha escrito con inteligencia artificial

Este libro se ha escrito con inteligencia artificial (IA) y prefiero decirlo desde la primera página. Lo afirmo con naturalidad, como parte del tema principal que vas a poder leer durante todo este libro.

He escrito tres libros antes de este y escribir ha cambiado para siempre.

En los libros anteriores partía de una idea inicial y avanzaba capítulo a capítulo mientras la tesis se afinaba durante la escritura. Pensaba escribiendo y escribía pensando. El libro se descubría mientras lo desarrollaba. Por último, hacía una revisión final y pulía algunos detalles.

Escribir este libro ha seguido un camino completamente diferente.

Antes de redactar una línea diseñé el sistema completo sobre el que se iba a basar la IA. Definí con precisión la temática principal, establecí la función de cada capítulo, la estructura y las ideas principales y decidí qué debía provocar cada bloque en la cabeza del lector. Por otro lado, creé un documento con una guía de estilos que marcaba dónde introduzco tensión, cuáles son mis coletillas más habituales y qué simplificaciones hago.

Acto seguido, incorporé dos años de mi *newsletter* (@Titonet Pills) como base organizada de conocimiento para que la IA fuera consultando y lo pudiera conectar con cada capítulo. Después integré mis libros anteriores para mantener coherencia y evitar contradicciones. Al final, establecí jerarquías entre fuentes y criterios claros cuando aparecían conflictos. Una vez construido el sistema fui capítulo por capítulo, y la IA conectaba las ideas. Con esto obtuve la mayoría del texto que vas a leer.

Si te fijas, el proceso de este libro no tiene nada que ver con los anteriores. Primero construí el entorno de conocimiento y después fui construyendo, paso a paso, los capítulos.

Primero construí el entorno de conocimiento y después fui construyendo, paso a paso, los capítulos.

Este cambio no es una anécdota del proceso de escritura. Describe el tipo de desplazamiento que empieza a afectar a cualquier profesional que trabaja con un ordenador. La ejecución pierde peso y el diseño del sistema pasa a ocupar mayor importancia.

A ese desplazamiento hay que añadirle otra capa que se hace mucho más importante: la revisión. El hecho de que el sistema genere una primera versión no elimina la responsabilidad sobre el resultado. Al contrario, la hace mucho más crítica. Diseñar bien el sistema es una parte del trabajo, revisar con criterio lo que produce es la otra parte. Nunca publicaría un texto sin pasar por esa lectura final. La IA acelera la generación, pero la revisión final sigue necesitando de un humano.

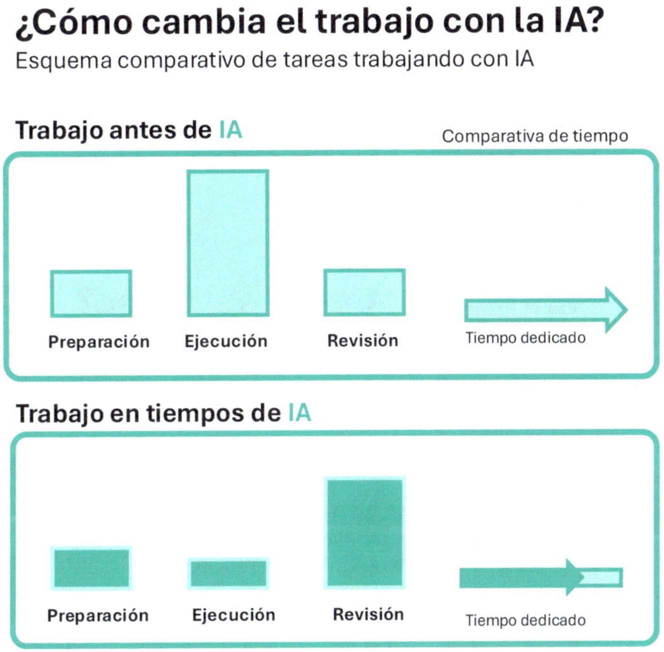

Soy consciente de que hacer explícito que he usado IA eleva el nivel de exigencia, ya que algunas personas mirarán con mayor detalle todo lo escrito. El texto no puede ser genérico ni construido a base de fórmulas sintéticas. Al decirlo abiertamente, asumo que lo leerás con más atención. Me parece justo. El valor no depende de la herramienta utilizada, sino de la solidez de las ideas y de la forma de transmitirlo.

Estoy convencido de que, con el tiempo, mencionar que utilicé IA para escribir este libro resultará tan trivial como mencionar que utilicé un ordenador o un procesador de textos. Así que déjame que te cuente cómo he organizado las ideas durante el libro.

¿Qué vas a encontrar en este libro?

Conviene aclarar algo.

Este no es un libro sobre *prompts*. No encontrarás instrucciones detalladas para sacar más partido a las herramientas de IA, y esta será la única vez que vas a ver mencionado ChatGPT. Tampoco verás un catálogo de herramientas que prometen transformar tu productividad en cuestión de días. Ese tipo de contenido no creo que te ayude al cambio que vas a tener que hacer en los próximos años.

Este libro parte de una pregunta distinta: ¿Qué ocurre con tu forma de trabajar cuando la IA deja de ser una herramienta puntual y empieza a incorporarse en tu práctica diaria? Las herramientas cambiarán con el tiempo, pero si sabes adaptarte a la nueva forma de trabajo, esa habilidad te la quedarás tú.

Una tecnología demuestra su utilidad cuando resuelve problemas reales. Cuando encaja en tareas concretas y mejora resultados de forma tangible. La cuestión importante no es cómo funciona por dentro, sino qué parte de tu trabajo puede transformarse al utilizarla con criterio.

Este libro busca ayudarte a ver eso con claridad, pero para hacerlo vamos a seguir el itinerario que verás a continuación.

En la primera parte ordenaremos el fenómeno de la IA. Reduciremos el ruido, separaremos relato de realidad y pondremos perspectiva histórica para entender qué está ocurriendo realmente.

En la segunda parte profundizaremos sobre el tipo de tecnología con la que ya convivimos y descubrirás que, muy probablemente, no habías entendido cómo funciona.

En la tercera parte reconocerás una trampa en la que caemos todos al adoptar cualquier tecnología:

intentar utilizar lo nuevo con la lógica de una tecnología antigua.

En la cuarta parte entraremos en lo cotidiano. Revisaremos tareas, decisiones y dinámicas habituales para identificar dónde puede aparecer una forma distinta de trabajar.

En la quinta parte ampliaremos el foco hacia la organización y analizaremos cómo se incorpora esta capacidad dentro de una empresa y qué margen real tienes tú dentro de ese entorno.

La última parte no pretende adivinar el futuro. Se centra en dejar abiertas las preguntas que, a día de hoy, pueden hacer que este fenómeno se acelere o se frene de golpe.

Este libro no busca que trabajes más y seas más productivo. Busca que trabajes diferente. Si al terminar entiendes mejor qué está cambiando y cómo quieres posicionarte frente a ello, habrá cumplido su propósito.

Espero que disfrutes del camino.

@titonet

Cap1.

Ordenar la avalancha de la IA

• CAPÍTULO 1
ORDENAR LA AVALANCHA DE LA IA

La avalancha

Si has llegado hasta aquí, es porque hay algo que te inquieta. No necesariamente miedo ni entusiasmo desbordado, sino una sensación persistente de que el entorno profesional se mueve a una velocidad que cuesta asimilar. La IA aparece en reuniones, en conversaciones informales, en artículos, en los telediarios, y termina colándose de forma constante en la conversación cotidiana. Aunque no quieras hablar de ella, acaba ocupando un pequeño espacio en tu cabeza.

Cada semana aparecen nuevas versiones, nuevos modelos y herramientas que prometen cambiar la forma de trabajar. El flujo de novedades no se detiene. Apenas se asimila una cuando ya circula la siguiente y la acumulación empieza a generar una sensación de agobio difícil de explicar. Se nota en la forma en que miras esas noticias, en la prisa por probar algo nuevo o en la incomodidad de pensar que quizá estás llegando tarde. Estar informado deja de ser suficiente y probar una herramienta tras otra tampoco resuelve demasiado, porque no hay tiempo para entenderlas con calma. **Lo curioso es que, cuanto más intentas estar al día, más aparece la sensación de ir atrasado**.

Con el tiempo, esa saturación acaba produciendo algo curioso, una especie de parálisis: la parálisis de la IA. Vaya nombre me ha salido. Todo se mueve y, sin embargo, te descubres opinando sobre cosas que apenas has probado o repitiendo argumentos que has leído esa misma mañana. No pasa nada. Es una reacción bastante normal cuando el entorno cambia más rápido de lo que uno puede asimilar.

Tener este libro en tus manos ya es una señal de que esa avalancha de la IA te afecta de alguna manera. Intuyes que necesitas algo más que titulares, comparativas o demostraciones rápidas. Algo que permita ordenar lo que está ocurriendo y entender qué tipo de proceso estamos atravesando. A lo largo de estas páginas iremos construyendo ese criterio poco a poco, para poder distinguir mejor lo que realmente importa del ruido que inevitablemente acompaña a cualquier cambio tecnológico.

Antes de entrar a hablar de tecnología, conviene ganar un poco de perspectiva.

Mirar el fenómeno con cierta distancia temporal ayuda a reconocer que esta avalancha no surge de la nada. Forma parte de una secuencia más amplia de transformaciones tecnológicas que también generaron desconcierto cuando aparecieron. En cada una de ellas hubo exageraciones, temores, promesas desmedidas y resistencias muy parecidas a las que estamos viendo ahora. Cuando se pierde esa perspectiva histórica, cada novedad adquiere un peso excesivo y cada decisión parece única e irreversible, como si no hubiera margen para aprender. Por eso conviene recuperar la memoria.

La memoria corta de la tecnología

Cada vez que aparece una tecnología que cambia la forma de trabajar ocurre algo bastante curioso. Rápidamente surge la sensación de que estamos ante algo completamente nuevo y excepcional, como si nunca hubiera pasado antes y como si la experiencia acumulada sirviera de poco para orientarse.

Si lo piensas un momento, no es la primera vez que ocurre.

Con el paso del tiempo tendemos a olvidar las dudas que acompañaron a transformaciones anteriores. El correo electrónico generó debates sobre saturación y pérdida de foco. Internet cambió sectores enteros y alteró la forma en que circula el conocimiento. Los *smartphones* transformaron nuestra relación con el tiempo y con la disponibilidad constante.

En todos esos casos hubo un periodo largo de ajuste. Durante un tiempo convivieron las formas antiguas de trabajar con las nuevas, y nadie tenía muy claro cuál iba a imponerse.

Si ampliamos un poco más la perspectiva, la Revolución Industrial ofrece un buen ejemplo del tiempo que pasa hasta que los cambios se asientan en la sociedad. En sus primeros años nadie hablaba de ella como una nueva etapa histórica. Durante décadas fue percibida simplemente como una sucesión de mejoras técnicas. Solo con el paso del tiempo se hizo evidente que aquello estaba cambiando la organización del trabajo y la vida cotidiana.

La digitalización que hemos vivido en las últimas décadas forma parte de ese mismo recorrido. Ha ido transformando poco a poco cómo producimos, cómo nos comunicamos y cómo tomamos decisiones. El momento actual no aparece de la nada. ¿Te imaginas lo que sería trabajar sin Internet? La IA es un capítulo más dentro de un proceso que lleva bastante tiempo en marcha.

Recuperar esa memoria ayuda a poner las cosas en su sitio.

Creo que tenemos una tendencia bastante humana cuando hablamos de tecnología. **Solemos sobreestimar el cambio en el corto plazo y subestimar su impacto en el largo**. Esta idea la formuló Roy Amara hace décadas y sigue describiendo bastante bien cómo reaccionamos ante las innovaciones. En los primeros años imaginamos transformaciones inmediatas que no siempre llegan tan rápido. Después, cuando la tecnología se integra poco a poco en la vida cotidiana, su impacto termina siendo mucho mayor de lo que habíamos previsto.

Si miras las grandes olas tecnológicas con algo de distancia, aparece otro patrón interesante: la reacción social suele repetirse.

Cada nueva tecnología despierta entusiasmo y miedo al mismo tiempo. Se habla de oportunidades enormes y, a la vez, aparecen preocupaciones sobre el empleo, el poder o la pérdida de ciertas capacidades.

Creo que aquí ocurre algo que a menudo pasa desapercibido.

Lo que decimos de la tecnología dice muchas veces más de nosotros que de la propia tecnología.

Si lo primero que vemos es el miedo a perder el trabajo, quizá esa inseguridad ya estaba ahí antes de que apareciera la herramienta. Si lo que vemos son oportunidades para hacer cosas nuevas, probablemente tengamos una inclinación más natural hacia el optimismo y la exploración.

La tecnología funciona un poco como un espejo. Amplifica lo que ya llevamos dentro: nuestras expectativas, nuestras dudas, nuestros miedos y también nuestras ambiciones.

Durante la mecanización industrial se temió la desaparición del trabajo manual. Con Internet aparecieron debates sobre privacidad y sobre el papel de los intermediarios. Las redes sociales reactivaron preocupaciones sobre manipulación y dependencia.

Con el tiempo, muchas de esas tecnologías terminaron integrándose en la vida cotidiana. Cambiaron muchas cosas, aunque de forma más gradual y menos espectacular de lo que anunciaban los primeros titulares.

Miedos vs. optimismo frente a la IA

MIEDOS

- La IA va a **sustituir** a los profesionales.
- La tecnología acabará **tomando decisiones** por nosotros.
- El **trabajo intelectual** perderá valor.
- Los **errores de la IA** serán peligrosos.
- La IA generará **dependencia tecnológica**.
- Muchas **profesiones desaparecerán**.
- La IA se escapará **al control humano**.

OPTIMISMO

- La IA va a **multiplicar la productividad**.
- La IA nos ayudará a t**omar mejores decisiones**.
- El **trabajo intelectual** podrá multiplicarse.
- La IA **reducirá errores** humanos.
- La IA **democratizará** el acceso al **conocimiento**.
- Aparecerán **nuevas profesiones**.
- La IA será una herramienta **bajo nuestro control**.

Dicho todo esto, también conviene reconocer algo importante: el momento actual tiene elementos que sí son distintos y que merecen nuestra atención.

La IA aparece de forma simultánea en muchas tareas que forman parte del trabajo intelectual cotidiano. Escribir, resumir, analizar información, estructurar documentos o generar ideas. No empieza en un sector específico para luego extenderse poco a poco. Desde el primer momento toca actividades muy transversales.

Si miramos olas tecnológicas anteriores, esa transversalidad es algo que no había ocurrido antes. Cuando nació Internet, por ejemplo, enseguida vimos que iba a afectar profundamente a algunos sectores muy concretos. Los medios de comunicación y el comercio minorista aparecían siempre en las primeras listas de industrias que iban a transformarse.

Han pasado más de treinta años y hoy podemos afirmar que, efectivamente, esos sectores han cambiado de forma profunda. Pero el impacto se fue desplegando poco a poco y durante mucho tiempo quedó concentrado en determinados sectores.

Con la IA ocurre algo diferente. No parece limitarse a unos pocos sectores. Desde el principio toca tareas que existen en prácticamente todas las organizaciones. Por eso la sensación es distinta. No se percibe como una transformación localizada, sino como una tecnología que puede afectar a muchos sectores y muchas funciones al mismo tiempo.

Hay además otra diferencia importante: la IA no se comporta solo como una herramienta más. Poco a poco empieza a funcionar como una capacidad. Deja que te lo explique porque suena un poco conceptual.

Todas las tecnologías terminan cambiándonos de alguna manera. El teléfono móvil, por ejemplo, transformó radicalmente cómo consumimos entretenimiento y cómo nos relacionamos con la información. Pero en este caso el impacto va un paso más allá.

La IA entra directamente en el terreno del pensamiento. Cuando trabajas con ella, no solo ejecuta tareas, también te ayuda a estructurar ideas, ordenar información y explorar enfoques que quizá no habrías considerado por tu cuenta.

Cuanto más la utilizas, más cambia tu forma de razonar y de abordar problemas. En ese sentido, empieza a comportarse como una tecnología cognitiva. Y esto es algo relativamente nuevo. Hasta ahora pocas tecnologías habían intervenido de forma tan directa en la manera en que organizamos nuestros propios pensamientos.

El último factor que vuelve este momento algo único es que vivimos en un entorno completamente conectado. Cuando aparece una herramienta nueva, millones de personas pueden probarla en cuestión de días. Los ejemplos circulan, los aprendizajes se comparten y la conversación se amplifica con una velocidad que no habíamos visto en olas tecnológicas anteriores.

Por eso la sensación de cambio es más intensa. Parece que todo está ocurriendo al mismo tiempo.

Eso no significa que todo vaya a transformarse de forma inmediata. Pero sí explica por qué esta ola tecnológica está generando una reacción mucho más rápida y mucho más visible que otras anteriores. Si esto forma parte de una secuencia histórica más larga, entonces podríamos preguntarnos: ¿Por qué aparece la IA justo ahora?

¿Por qué justo ahora?

La IA no surge por azar ni como resultado de un único factor que lo explique todo. Aparece cuando varios fenómenos que llevan años desarrollándose por separado coinciden en el tiempo y empiezan a reforzarse entre sí.

¿Por qué justo ahora?

Durante mucho tiempo, **la capacidad de computación creció a un buen ritmo**. Desde los años ochenta, la potencia de cálculo se ha ido duplicando, siguiendo la conocida ley de Moore. Ese crecimiento sostenido preparó el terreno para algo que, en su origen, no tenía nada que ver con la IA.

Las unidades de procesamiento gráfico o GPU (por las siglas en inglés de *Graphics Processing Unit*) que han ayudado al *boom* de la IA nacieron vinculadas al mundo gráfico y a los videojuegos. Su objetivo era mover imágenes en pantalla con mayor rapidez. Con el tiempo se descubrió que también eran extraordinariamente eficaces para ejecutar millones de operaciones en paralelo.

Aquella infraestructura pensada para procesar gráficos terminó convirtiéndose en el soporte ideal para entrenar sistemas de IA cada vez más complejos. Si alguien le hubiera explicado hace treinta años al fundador de Nvidia que sus chips acabarían entrenando modelos de lenguaje capaces de conversar, probablemente habría pensado que era una exageración.

Mientras todo esto ocurría, el mundo se fue digitalizando sin pausa. Hemos escrito, grabado, fotografiado y almacenado una cantidad de información difícil de imaginar hace apenas unas décadas. Empresas, universidades, medios y millones de personas han ido dejando rastro en forma de texto, imagen, audio y vídeo. Sin esa **acumulación constante de datos e información**, los sistemas actuales simplemente no tendrían materia prima con la que trabajar.

A la vez, la técnica avanzó con paciencia. El **aprendizaje automático** dejó de ser una promesa académica para convertirse en herramientas capaces de trabajar con volúmenes inmensos de información. En lugar de seguir reglas fijas escritas por programadores, las máquinas empezaron a analizar millones de ejemplos y a ajustar internamente sus propios parámetros hasta reconocer patrones con una precisión creciente.

No necesitaban comprender como lo hace una persona, pero sí aprendían a anticipar qué palabra, imagen o sonido tenía más probabilidad de aparecer en cada contexto. Ese entrenamiento sostenido durante años fue afinando el rendimiento hasta hacerlo útil fuera del laboratorio y lo suficientemente robusto para integrarse en tareas reales.

Todo esto ocurre, además, en un **entorno completamente conectado** como hemos comentado antes. Un avance puede ponerse a prueba a escala global en cuestión de días y recibir retroalimentación inmediata de millones de usuarios. Lo que funciona se replica con rapidez y lo que falla se corrige sobre la marcha. Esa capacidad de experimentar directamente en el mercado acelera el ajuste de los productos y permite aprender muy rápido qué usos encuentran realmente los usuarios.

Durante años faltaba alguna de estas piezas. A veces existía potencia de cálculo, pero no datos suficientes. Otras veces había datos, pero la técnica todavía no estaba preparada. En ocasiones el conocimiento científico avanzaba, pero no existía la infraestructura necesaria para desplegarlo a gran escala.

Hoy esas piezas coinciden y empiezan a reforzarse entre sí.

A este cruce de factores se suma otro elemento decisivo: **la concentración de capacidades en un número muy reducido de organizaciones**. Nunca antes tanto capital, talento científico e infraestructura tecnológica habían estado agrupados en tan pocas empresas. Un pequeño número de compañías concentra buena parte del desarrollo de la IA.

Estas empresas no solo desarrollan productos, también construyen centros de datos gigantescos, diseñan chips propios, atraen investigadores de todo el mundo y sostienen proyectos durante años, incluso cuando la rentabilidad todavía es incierta. Lo que en otras épocas habría dependido de múltiples actores dispersos hoy avanza de forma mucho más coordinada.

A esto se suma la **dimensión geopolítica**. Estados Unidos y China compiten por el liderazgo económico y la IA ocupa un lugar central en esa rivalidad. Cuando una tecnología entra en ese terreno, deja de ser únicamente una herramienta económica y pasa a formar parte de la arquitectura de poder global.

El momento actual no surge por accidente. Es el resultado de décadas de infraestructura tecnológica, de la digitalización del mundo y de una enorme concentración de recursos científicos y financieros.

Con todos esos elementos alineados, el desarrollo de la IA se acelera.

La ley de la disrupción

En cada salto tecnológico suele aparecer un desfase entre lo que la tecnología permite hacer y lo que todavía sabemos incorporar a nuestro trabajo cotidiano.

Ley de la disrupción Larry Downes

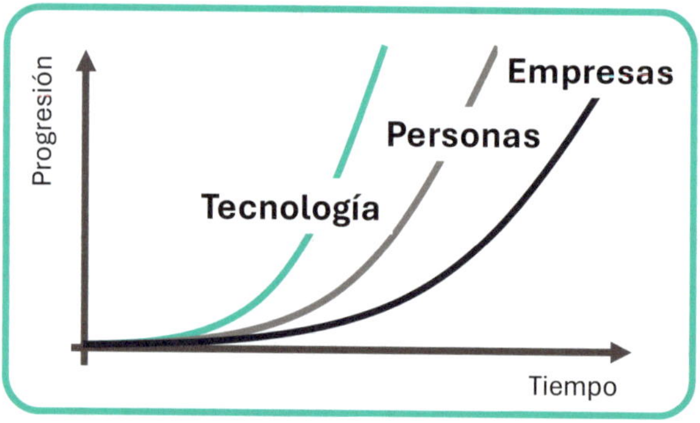

El desarrollo tecnológico no se detiene: aparecen nuevas versiones, se amplían capacidades y la frontera de lo posible se desplaza de manera continua, muchas veces antes de que lo anterior haya tenido tiempo de asentarse. Este fenómeno ha sido descrito por Larry Downes como la ley de la disrupción: la tecnología cambia de forma exponencial, mientras que las personas, las organizaciones y las instituciones lo hacen de manera mucho más lenta y progresiva.

Las personas recogen los cambios de manera mucho más gradual. Primero toman conciencia de que algo está ocurriendo. Después prueban la herramienta en espacios relativamente acotados y, solo cuando perciben una utilidad clara, comienzan a modificar hábitos que llevaban años funcionando de otra manera. Ese proceso exige repetición, ensayo y también cierto margen para equivocarse sin que cada error tenga consecuencias relevantes.

En muchos casos ese aprendizaje empieza fuera del entorno profesional. Las personas experimentan con nuevas herramientas en su espacio personal, en casa o en proyectos propios mucho antes de que aparezcan en su empresa. No es raro que alguien tenga acceso a tecnologías más avanzadas en su vida cotidiana que en los sistemas corporativos con los que trabaja cada día. Ese recorrido de lo personal a lo profesional se repite con frecuencia: primero se explora de manera informal y solo más tarde las organizaciones comienzan a preguntarse cómo integrarlo de forma ordenada.

Las organizaciones siempre son más lentas en la adaptación a la tecnología que las personas. Están diseñadas para ofrecer estabilidad y para reducir riesgos, de modo que incorporar una nueva tecnología obliga a revisar presupuestos, sistemas de seguridad, criterios sobre el uso de la información y reparto de responsabilidades. Cuando por fin el engranaje empieza a encajar y la herramienta comienza a integrarse con cierta normalidad en los procesos de trabajo, la propia tecnología ya ha evolucionado y obliga a replantear lo que parecía resuelto.

De ese desfase entre ritmos surge una escena que empieza a resultar bastante familiar. El uso personal suele avanzar con rapidez, la incorporación al trabajo cotidiano lo hace con más cautela y, mientras tanto, la conversación pública se comporta como si el cambio ya estuviera completamente asumido, aunque muchas organizaciones todavía estén tratando de acomodarse.

Algo parecido ocurrió en otras etapas tecnológicas, pero en el momento actual la situación se percibe de otra manera. La IA generativa no aparece en un único sector ni en un ámbito concreto del trabajo, sino que empieza a colarse en tareas muy distintas: escribir, resumir información, analizar datos o preparar presentaciones. Además, vivimos en un entorno completamente conectado, donde cada avance se conoce casi al instante. Por eso la diferencia entre el ritmo de la tecnología y el tiempo que necesitamos para adaptarnos se percibe con más claridad que en otras épocas, porque el cambio afecta a muchas personas al mismo tiempo y podemos observar cómo ese proceso de adaptación todavía se está desarrollando.

Durante las siguientes páginas vamos a poner el foco en la parte de la adaptación de las personas. Después, en el capítulo 5, hablaremos sobre el proceso de adaptación dentro de las organizaciones.

Las fases de adaptación personal

Cuando se observa con calma, la incorporación de una tecnología suele transitar un camino bastante reconocible. No ocurre de golpe ni cambia nuestra forma de trabajar de un día para otro. Es, sobre todo, un proceso de adaptación que vivimos como individuos. Cada persona lo atraviesa a su manera y, normalmente, avanza por etapas en las que aparecen pequeñas barreras mentales que influyen en la velocidad con la que decidimos acercarnos a esa herramienta.

Proceso de adaptación a la tecnología

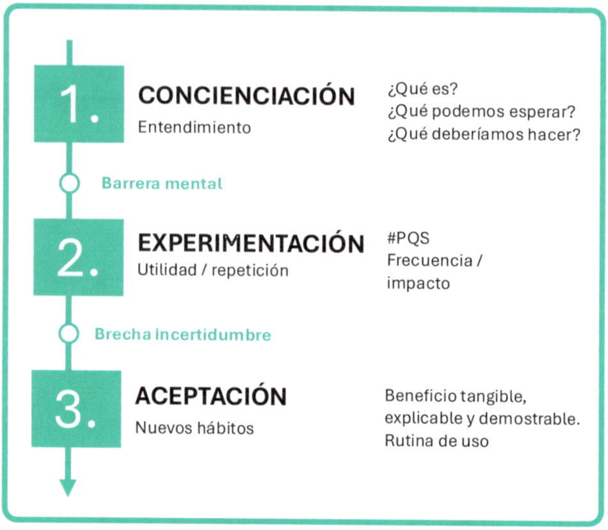

Todo empieza con la aparición: la tecnología entra en nuestro radar. Alguien habla de ella en una reunión, aparece en un artículo o vemos una demostración que despierta curiosidad. En ese primer momento solemos reaccionar contándonos una historia que nos permite mantener cierta distancia. Nos decimos que eso está bien para otros perfiles, que es una moda pasajera o que no tiene demasiado que ver con lo que nosotros hacemos.

Si miras hacia atrás, probablemente recuerdes algo parecido con los primeros teléfonos móviles. Durante bastante tiempo parecían objetos propios de ejecutivos o de personas que necesitaban estar permanentemente localizables. Muchos los mirábamos con una mezcla de curiosidad e ironía. “No necesito un teléfono móvil, no soy un agente de bolsa”, decíamos. Esa pequeña narrativa inicial funciona como una barrera cómoda porque nos permite seguir haciendo lo mismo que hacíamos antes. Se trata de una barrera mental. Algunas muy comunes son: “Eso no sirve para mi trabajo”, “No es para tanto” o “Es otra burbuja más”.

Con el tiempo, esa barrera empieza a debilitarse. Entonces aparece la fase de experimentación. La tecnología deja de ser conversación y empieza a colarse en pequeñas pruebas. Se utiliza en momentos concretos, casi como un juego o un experimento. En esa etapa empiezan a aparecer pequeñas señales de utilidad. Descubres que puedes resolver algo más rápido o que una tarea que antes requería más esfuerzo ahora se simplifica.

En ese momento sucede algo interesante. No cambia solo el uso de la herramienta. Cambia también la historia que te cuentas sobre ella. Lo que antes parecía irrelevante empieza a tener sentido dentro de tu vida. Ese cambio de narrativa es muchas veces más importante que la propia tecnología porque abre la puerta a utilizarla con más naturalidad.

Si la utilidad se confirma, llega la integración. La herramienta deja de sentirse como una prueba y empieza a formar parte de la rutina. Poco a poco se instala en el día a día hasta que casi deja de llamar la atención. Simplemente está ahí y modifica la manera en que organizas tu trabajo.

Después aparece una fase curiosa que casi siempre pasa desapercibida. Un día sales de casa y te das cuenta de que te has dejado el móvil e instintivamente das la vuelta para ir a buscarlo. Ese gesto pequeño dice mucho más de lo que parece. Algo que al principio parecía irrelevante se ha convertido en una pieza central de tu forma de trabajar y de organizar tu vida.

Nota mental: muchas veces la verdadera señal de adaptación no es cuando empezamos a usar una tecnología, sino cuando dejamos de imaginar cómo sería trabajar sin ella.

Cuando miras el proceso con perspectiva, aparece lo que podríamos llamar la “brecha de incertidumbre”. De repente tomas conciencia de hasta qué punto tu forma de trabajar ha cambiado y de la dependencia que se ha creado alrededor de esa herramienta.

El recorrido no es idéntico para todos. Algunos entornos favorecen la exploración y otros la ralentizan. Algunas personas son más abiertas a incorporar nuevas tecnologías, otras se mueven con mayor cautela, pero en casi todos los casos ocurre algo parecido. Primero aparece la tecnología. Después aparecen las barreras mentales. Y, poco a poco, la experiencia práctica termina transformando la historia que nos contamos sobre ella.

En ese proceso la tecnología importa, y la narrativa también. Muchas veces no son las limitaciones técnicas las que frenan la adopción, sino las historias que nos contamos sobre lo que esa tecnología significa para nuestro trabajo, para nuestra identidad profesional o para la manera en que entendemos lo que hacemos.

Las historias que acompañan a la tecnología

En el bloque anterior vimos que la incorporación de una tecnología no depende únicamente de sus capacidades técnicas, también depende de las barreras mentales que cada persona va superando a lo largo del proceso de adaptación. Esas barreras no aparecen por casualidad. Muchas veces nacen de las historias que escuchamos y de las frases que repetimos para explicar lo que está ocurriendo.

La IA no llega únicamente como una herramienta nueva. Llega acompañada de relatos que empiezan a circular mucho antes de que la mayoría haya tenido tiempo de entender cómo funciona realmente. Esas historias aparecen en titulares, conferencias, entrevistas y conversaciones informales entre compañeros. En pocas palabras, intentan explicar algo complejo y, en ese intento, simplifican, exageran y despiertan emociones.

En los últimos meses han circulado frases que probablemente ya hayas escuchado muchas veces. Una de las más repetidas afirma que la IA no te sustituirá, pero que sí lo hará alguien que esté aprendiendo a utilizarla. Este tipo de frases tienen algo en común. Buscan movilizar, generar tensión y provocar una reacción rápida.

Ese efecto puede ser útil para despertar interés, pero también puede generar ansiedad o empujar a adoptar la tecnología desde el miedo. Cuando eso ocurre, la narrativa deja de ayudarnos a pensar con claridad y empieza a condicionarnos más de lo que nos gustaría.

Si lo piensas, muchas de las primeras conversaciones sobre IA no giran alrededor de cómo funciona la tecnología, sino alrededor de lo que podría pasar con ella. Se habla de despidos masivos, de la desaparición de ciertos perfiles profesionales o de un supuesto deterioro de nuestras capacidades cognitivas. Cada una de esas afirmaciones puede contener una parte de verdad, pero al mismo tiempo introduce una manera concreta de mirar lo que está ocurriendo. **Y la manera en que miramos algo cambia profundamente nuestra reacción**.

El relato del miedo tiene una capacidad especial para extenderse. Activa con rapidez, obliga a posicionarse y genera una sensación de urgencia que empuja a reaccionar incluso antes de haber entendido bien el fenómeno. Funciona muy bien en el espacio público porque capta la atención de inmediato. El problema aparece cuando ese tipo de relato convierte a futuro abierto lo que parece un destino inevitable.

Existen también otras maneras de contar la misma historia. Algunas miradas ponen el foco en la eficiencia, en la ampliación de capacidades o en la posibilidad de rediseñar ciertas tareas. La herramienta es exactamente la misma, pero la actitud con la que las personas se acercan a ella cambia dependiendo de la historia que adopten como punto de partida.

Las empresas tecnológicas participan activamente en la construcción de estos relatos. Compiten por atraer atención, inversión y talento en un entorno donde la visibilidad resulta decisiva. En ese entorno entre miedo y promesas, los mensajes intensos circulan con mucha más facilidad que las explicaciones matizadas. Una frase llamativa puede recorrer el mundo en pocas horas y empezar a moldear la conversación pública.

Pero no solo influyen las empresas. También hay que entender que somos seres sociales a los que nos gusta compartir historias con nuestro entorno. Cuando una idea se repite en distintos lugares y por voces diferentes, empieza a adquirir apariencia de evidencia compartida. Poco a poco esa repetición influye en cómo interpretamos los datos y en la forma en que valoramos los riesgos.

Por eso conviene prestar atención a las historias que aceptamos como marco para interpretar lo que ocurre. Algunas narrativas nos bloquean, otras nos precipitan y algunas pocas consiguen algo mucho más valioso: nos dan la tranquilidad suficiente para explorar, aprender y tomar decisiones con criterio.

Lentamente, algunas interpretaciones dejan de cuestionarse y pasan a formar parte del paisaje mental con el que miramos la tecnología. No hace falta repetirlas constantemente. Simplemente están ahí y condicionan la manera en que pensamos.

La relación con la IA empieza mucho antes de abrir una herramienta. Empieza en la historia que aceptamos como marco para interpretar lo que ocurre.

Esa narrativa no determina por completo el resultado, pero inclina el terreno sobre el que se mueve nuestro proceso de adaptación. Influye en los experimentos que nos atrevemos a hacer, en los riesgos que estamos dispuestos a asumir y en la velocidad con la que decidimos explorar una tecnología nueva.

Al final de este capítulo volveremos sobre esta idea. Te propondré un pequeño conjunto de ideas fuerza que pueden servirte como marco narrativo para entender este momento tecnológico sin caer en el miedo paralizante o en el entusiasmo ingenuo. No se trata de adoptar un optimismo artificial, sino de construir una manera de mirar la IA que te permita avanzar con criterio y utilizarla a tu favor.

Pero, antes de cerrar con una propuesta de narrativa, conviene detenerse en un último elemento que también influye en nuestra capacidad de adaptarnos.

La falsa sensación de conocer

La IA introduce una sensación bastante particular. La impresión de haber entendido demasiado pronto.

Basta utilizar la herramienta en algunas tareas sencillas para que aparezca una familiaridad inmediata. Un resumen correcto, un correo bien construido, una estructura ordenada. La respuesta llega en segundos y esa inmediatez transmite una impresión engañosa de claridad. Parece que el alcance ya está a la vista, que no queda demasiado por explorar.

Con la IA esta sensación aparece con especial facilidad. La herramienta funciona desde el primer momento. Con muy poco esfuerzo produce resultados razonables y eso genera una impresión inmediata de ser competente. La respuesta llega, el texto tiene sentido, la estructura parece correcta. Todo invita a pensar que la herramienta ya está dominada.

Pero obtener un buen resultado no significa necesariamente que entendamos lo que estamos utilizando.

De hecho, una de las situaciones más difíciles en cualquier proceso de aprendizaje aparece cuando alguien cree que ya sabe. Cuando esa sensación se instala, resulta mucho más complicado profundizar, corregir errores o revisar la forma en que se está utilizando una tecnología. La sensación de dominio llega antes que la comprensión.

Piensa en algo muy cotidiano, por ejemplo, en algún electrodoméstico. ¿Seguro que alguna vez has leído las instrucciones completas del horno de tu casa? Probablemente no. Aprendes la función de gratinar, la de calentar con aire y *chin pum*, ya sabes usar el horno. Pero el horno tiene cuarenta y cinco formas diferentes de usarse. Funciona lo suficiente bien como para no sentir la necesidad de entenderlo del todo.

Con la IA ocurre algo parecido. La herramienta puede ofrecer respuestas útiles, incluso cuando el usuario no comprende realmente cómo funciona el sistema que tiene delante. Esa facilidad inicial puede crear una ilusión de conocimiento que se sostiene únicamente en los resultados que vemos, no en la comprensión de la herramienta.

Por eso conviene detenerse un momento antes de seguir avanzando.

El mayor riesgo con la IA es creer que ya sabes usarla porque te ha dado un buen resultado.

Un marco útil para avanzar

Antes de continuar hacia los siguientes capítulos, conviene quedarse con algunas ideas sencillas que pueden ayudarte a situarte frente a la IA. Lo que te propongo es un marco narrativo útil y constructivo desde el que observar con mayor claridad lo que está ocurriendo.

1. La tecnología siempre irá más rápido que nosotros.
La evolución tecnológica avanza a una velocidad superior a nuestra capacidad de adaptación. Aprender a convivir con esa diferencia forma parte del proceso.

2. Ya hemos pasado por procesos de adaptación similares.
Internet, el trabajo en la nube o las herramientas digitales también transformaron nuestra manera de trabajar. Con el tiempo, aprendimos a integrarlas.

3. Usamos tecnologías nuevas como si fueran antiguas.
Cuando aprendes la naturaleza de la IA te das cuenta de que la hemos usado como un buscador, no con todo el potencial que tiene.

4. La forma de trabajar seguirá cambiando.
En los últimos diez años ya hemos visto cómo se transformaban tareas, procesos y herramientas que parecían estables. La IA acelerará parte de ese movimiento.

5. No es un copiloto. Es un nuevo avión.
La IA no solo mejora tareas existentes, sino que introduce una forma distinta de trabajar que obliga a replantear cómo organizamos el trabajo.

6. Aprender sobre IA forma parte del trabajo.
De la misma manera que aprendimos otras herramientas digitales, desarrollar criterio sobre la IA empieza a formar parte del propio desarrollo profesional.

7. Lo que decimos de la IA dice mucho de nosotros.
Las opiniones sobre esta tecnología suelen reflejar expectativas, miedos y experiencias personales tanto como describen a la propia herramienta.

8. El primer sentido crítico a desarrollar consiste en no creerse los relatos.
El entusiasmo exagerado y las advertencias alarmistas forman parte del ruido que acompaña a cualquier innovación tecnológica.

Marco para abordar la IA

1.
La tecnología siempre irá más rápido que nosotros.

2.
Ya hemos pasado por procesos de adaptación similares.

3.
Usamos tecnologías nuevas como si fueran antiguas.

4.
La forma de trabajar seguirá cambiando.

5.
No es un copiloto.
Es un nuevo avión.

6.
Aprender sobre IA forma parte del trabajo.

7.
Lo que decimos de la IA dice mucho de nosotros.

8.
Debemos aplicar el sentido crítico a la narrativa de la IA.

Resumen de ideas

A lo largo de estas páginas hemos preparado el terreno para acercarnos a la IA con una perspectiva más ordenada antes de indagar cómo funciona realmente.

1. La avalancha de la IA genera desorientación.

La IA aparece en todas partes al mismo tiempo. Nuevos modelos, herramientas, titulares y promesas crean una sensación de velocidad difícil de asimilar. El resultado es una mezcla de interés, presión y confusión. Muchas personas sienten que deberían entender lo que ocurre, pero no tienen un marco claro para interpretarlo. El primer paso, por tanto, es **ordenar el fenómeno**.

2. Tenemos poca memoria tecnológica.

Cada nueva tecnología suele presentarse como algo completamente inédito, cuando en realidad forma parte de un proceso más largo. Internet, los *smartphones* o la digitalización también generaron dudas, exageraciones y resistencias. Con el tiempo terminaron integrándose en la vida cotidiana. Recuperar esa memoria histórica ayuda a **poner proporción al momento actual**.

3. Este momento es distinto por su alcance transversal.

A diferencia de otras olas tecnológicas que afectaban primero a sectores concretos, la IA impacta desde el principio en tareas muy extendidas. Redactar, analizar información, sintetizar, programar o estructurar conocimiento son actividades presentes en casi cualquier profesión. Eso explica por qué la sensación de cambio es **simultánea para muchas personas al mismo tiempo**.

4. La aceleración tecnológica y la adaptación humana no avanzan al mismo ritmo.

La tecnología puede evolucionar con rapidez, pero las personas y las organizaciones se adaptan más lentamente. Integrar una tecnología implica cambiar hábitos, procesos y formas de trabajar. Ese proceso necesita tiempo, experimentación y aprendizaje. Ese desfase entre la velocidad técnica y la adaptación humana forma parte natural de cualquier cambio.

5. La adaptación es un proceso individual.

Más allá de las organizaciones o los titulares, la adaptación ocurre primero en cada persona. Cada profesional atraviesa un recorrido reconocible. Primero observa, luego experimenta, después incorpora la herramienta a ciertas tareas y finalmente la integra en su forma de trabajar. En ese recorrido aparecen **barreras mentales** que influyen en la velocidad del cambio.

6. Las narrativas influyen en cómo nos adaptamos.

Las historias que circulan sobre la IA condicionan nuestra actitud frente a ella. Relatos basados en el miedo, en la urgencia o en la promesa exagerada moldean la forma en que interpretamos lo que ocurre. La narrativa que adoptamos puede **bloquear la exploración o facilitar el aprendizaje**.

7. La IA genera una ilusión de conocimiento.

La IA tiene una característica particular: funciona bien desde el primer momento. Con muy poco esfuerzo produce resultados razonables. Esa facilidad inicial puede generar la sensación de que ya sabemos utilizarla. Pero **obtener un buen resultado no significa entender la herramienta**.

8. Antes de aprender a usar la IA hay que construir un marco mental.

Antes de entrar en cómo funciona la IA conviene ordenar el contexto, entender los ritmos del cambio, reconocer las narrativas que nos influyen y evitar la ilusión de dominio prematuro. Solo desde ese punto es posible empezar a **aprender y adaptarse con criterio**.

Después de todo lo que hemos recorrido en este capítulo, estas ideas pueden servirte como un pequeño resumen del marco desde el que empezar a mirar la IA con algo más de claridad.

En los próximos capítulos entraremos en el siguiente paso: entender qué tipo de tecnología tenemos realmente delante y por qué funciona de la manera en que lo hace.

Cap2.

Un nuevo *software*

CAPÍTULO 2.
UN NUEVO *SOFTWARE*

Entender qué tipo de tecnología tenemos delante

Antes de analizar el impacto de la IA en el trabajo, conviene detenerse un momento en algo más elemental: entender qué tipo de tecnología tenemos realmente delante.

En muchas conversaciones sobre IA aparece una sensación extraña. Se habla de ella como si fuera algo que piensa por su cuenta y que toma decisiones siguiendo una lógica difícil de comprender. Ese modo de describirla resulta atractivo porque introduce un punto de misterio, pero al mismo tiempo complica la comprensión de lo que realmente está ocurriendo.

La IA forma parte del mismo universo que el resto de las tecnologías digitales que utilizamos cada día. Sigue siendo *software*. *Software* avanzado, entrenado con grandes volúmenes de información y diseñado para reconocer patrones y producir respuestas que resultan útiles en diferentes contextos. No es ni inteligente ni artificial. Es *software*.

Aclarar esto puede parecer una precisión menor, pero tiene consecuencias importantes. La forma en que interpretamos una tecnología condiciona cómo decidimos incorporarla a nuestro trabajo. Cuando la envolvemos en una narrativa casi mágica, tendemos a exagerar sus capacidades o conferirle un tipo de atributos que en realidad no posee. Cuando la reducimos a una herramienta más dentro del ecosistema digital, corremos el riesgo contrario y pasamos por alto los cambios que introduce en la forma de trabajar.

Entre esas dos interpretaciones aparece una forma más útil de entenderla. La IA pertenece al mundo del *software*, pero introduce algunas propiedades nuevas que empiezan a modificar la relación que tenemos con las herramientas digitales y la manera en que interactuamos con ellas.

La IA funciona de otra manera. En lugar de seguir reglas explícitas, aprende a partir de ejemplos. Analiza grandes volúmenes de información y ajusta internamente millones de parámetros hasta reconocer regularidades en los datos. Gracias a ese proceso puede generar texto, resumir documentos, identificar patrones o proponer estructuras para resolver un problema.

El comportamiento que emerge de ese entrenamiento resulta mucho más flexible que el del *software* tradicional. La misma pregunta puede producir respuestas ligeramente diferentes dependiendo del contexto o de la información que se le proporciona. Ese margen de variación cambia la forma en que interpretamos lo que la herramienta nos devuelve.

No estamos ante una inteligencia que "comprende lo que hace" en el sentido humano del término. Lo que tenemos delante es una tecnología que trabaja estimando probabilidades a partir de enormes cantidades de información y que, gracias a ese cálculo, puede producir respuestas que muchas veces resultan sorprendentemente útiles.

Comprender esta naturaleza ayuda a interpretar mejor lo que ocurre cuando empezamos a trabajar con IA. No se comporta como una herramienta clásica que ejecuta órdenes de forma exacta, pero tampoco funciona como un agente autónomo capaz de decidir por sí mismo qué debe hacer.

Se mueve en un terreno intermedio donde la interacción con el usuario es importantísima. La calidad del resultado depende en gran medida de cómo se formula la petición, de la información que se aporta y del proceso de revisión posterior.

En ese sentido, trabajar con IA se parece más a un proceso de intercambio continuo que a utilizar una herramienta cerrada. El resultado aparece a través de una interacción continua en la que el usuario propone, corrige, ajusta y valida lo que el sistema genera.

Ese pequeño desplazamiento empieza a modificar la forma en que entendemos el *software*.

Durante años, las herramientas digitales se diseñaban para ejecutar tareas muy concretas. Un programa de hojas de cálculo servía para calcular. Un procesador de textos servía para escribir. Un editor de imágenes servía para retocar fotografías. Cada herramienta estaba asociada a una función relativamente definida.

La IA introduce una mirada diferente. Puede intervenir en muchas tareas diferentes porque su funcionamiento se basa en interpretar información y generar nuevas combinaciones a partir de ella. Esa capacidad transversal hace que aparezca en actividades muy distintas dentro del trabajo cotidiano.

Por eso muchas personas tienen la sensación de que algo ha cambiado en el entorno digital. No se trata únicamente de una nueva herramienta que se añade al repertorio habitual. Empieza a aparecer una capa de *software* capaz de intervenir en procesos que antes dependían exclusivamente del trabajo humano.

Entender esta naturaleza es importante porque condiciona la manera en que decidimos utilizarla. Si la tratamos como una herramienta clásica, intentaremos encajarla en procesos demasiado rígidos y probablemente nos frustremos con sus límites. Si la interpretamos como una inteligencia autónoma, delegaremos más de lo razonable y perderemos el criterio necesario para evaluar sus resultados.

La posición más útil suele situarse entre esos dos extremos: considerar la IA como una tecnología capaz de ampliar determinadas capacidades humanas siempre que exista un proceso de supervisión.

A partir de aquí resulta más fácil explorar cómo se integra en el trabajo diario y qué tipo de interacción empieza a surgir cuando convivimos con este tipo de sistemas.

Antes de avanzar conviene detenerse un momento en la naturaleza de esta tecnología. Entender cómo se entrenan estos sistemas, qué información utilizan y cómo generan sus respuestas permite interpretar mejor sus capacidades y también sus límites.

En las siguientes páginas nos acercaremos a esa naturaleza para comprender qué tipo de sistema utilizamos cuando trabajamos con IA y por qué se comporta de la manera en que lo hace.

La naturaleza de la IA

Cada vez que aparece una tecnología relevante ocurre algo bastante previsible: intentamos comprenderla utilizando marcos mentales antiguos porque es la forma más inmediata de orientarnos cuando algo nuevo irrumpe con fuerza. Buscamos comparaciones, referencias conocidas y puntos de apoyo que nos permitan interpretar lo que tenemos delante.

Con el *smartphone* ocurrió algo muy parecido. Durante años la conversación giró alrededor del teclado físico, de la duración de la batería o de si aquel dispositivo resultaba realmente útil para trabajar. Se comparaba con el teléfono anterior porque todavía no se entendía que aquello no era simplemente un teléfono mejorado, sino una plataforma distinta que reorganizaba muchas actividades de la vida diaria.

Con la IA estamos atravesando una fase similar. A menudo se evalúa como si fuera un buscador más sofisticado o un generador automático de textos. Cuando el resultado no coincide con lo que esperamos, la reacción inmediata suele ser pensar que la herramienta falla o que hemos exagerado sus capacidades.

Antes de discutir sobre impacto o riesgos conviene detenerse en algo más básico y observar con cierta calma qué tipo de tecnología tenemos realmente delante. Cuando lo hacemos, empiezan a aparecer algunos rasgos que ayudan a entender por qué su comportamiento resulta diferente al de otras herramientas digitales con las que hemos trabajado durante décadas.

Una tecnología no determinista

Durante muchos años la mayor parte del *software* con el que hemos trabajado funcionaba de una manera muy estable. Introducías una instrucción y el sistema producía siempre el mismo resultado.

Basta observar algo tan simple como el teclado de un ordenador. Cuando presionas la tecla M, en la pantalla aparece la letra M. Siempre ocurre lo mismo. Puedes repetir la acción cien veces y el resultado será idéntico. Si un día pulsas la M y aparece otra letra, inmediatamente entiendes que el teclado está roto y que alguien tendrá que repararlo.

Ese tipo de funcionamiento nos acostumbró a relacionarnos con las máquinas esperando respuestas exactas y repetibles.

La IA generativa funciona de otra manera. Con la misma pregunta puede ofrecer respuestas ligeramente distintas y una pequeña variación en los datos en los que se apoya puede modificar el enfoque completo de la respuesta. Ese comportamiento no es un error puntual ni una anomalía del sistema. Forma parte de la lógica con la que ha sido construido.

El modelo analiza patrones en enormes cantidades de información y calcula qué respuesta resulta más probable dentro de un conjunto amplio de posibilidades. El resultado no es una salida única y fija, sino una estimación razonable basada en los datos con los que fue entrenado y en el contexto que aparece en la conversación.

Esto se percibe con facilidad en situaciones cotidianas. Puedes pedir que redacte un correo complejo y recibir una propuesta sólida. Si reformulas ligeramente la petición, el texto puede adoptar un tono más directo, más analítico o más diplomático según el modo en que plantees la instrucción. El contenido mantiene coherencia, pero la forma no se repite palabra por palabra.

Ese margen de variación introduce una sensación nueva cuando trabajamos con estas herramientas y nos obliga a cambiar ligeramente la forma en que interpretamos los resultados.

Conversacional

Otra característica relevante aparece en la forma en que interactuamos con esta tecnología. La IA generativa funciona a través de una conversación continua.

Durante mucho tiempo la relación con el *software* estuvo basada en instrucciones puntuales. Abrías un archivo, ejecutabas un cálculo o aplicabas un filtro y el sistema producía un resultado. Cada acción era relativamente independiente de la anterior.

La conversación introduce una lógica distinta porque el contexto en el que se basan las respuestas de la IA se va construyendo paso a paso. Cada intervención modifica ligeramente el marco y la respuesta siguiente se apoya en lo que ya se ha dicho antes.

Este modo de interacción se parece más a cómo pensamos cuando desarrollamos una idea con otra persona. Las preguntas abren nuevas líneas, las respuestas introducen matices y, poco a poco, el argumento se reorganiza.

¿Te imaginas poder conversar con Philipp Kotler a partir de uno de sus libros? Si el ejemplo no te convence, piensa en cualquier autor cuyo trabajo conozcas bien. Cuando el contenido está disponible, la conversación se vuelve posible. Eso cambia profundamente la forma en que nos relacionamos con el conocimiento.

La exploración deja de ser lineal y empieza a desarrollarse como una conversación en que las ideas se afinan progresivamente.

Multimodal

Durante muchos años las herramientas digitales estuvieron separadas por formato. El texto se trabajaba en un lugar, las imágenes en otro y el audio o el vídeo en aplicaciones diferentes. Cambiar de lenguaje implicaba cambiar también de herramienta.

La IA permite cruzar esos formatos dentro de un mismo flujo de trabajo.

Una reunión grabada puede transformarse en notas estructuradas. Una imagen que contiene una gráfica puede convertirse en una tabla de *Excel*. Un documento extenso puede reorganizarse en un resumen claro o en un conjunto de ideas clave. El contenido deja de estar encerrado en un único formato y empieza a moverse con mayor libertad entre distintos lenguajes.

Cuando distintos formatos pueden cruzarse con facilidad, aparece además otra consecuencia interesante: la forma en que interactuamos con el *software* también empieza a cambiar.

Durante décadas la relación con el ordenador ha estado dominada por el teclado. Escribimos para pensar, para estructurar ideas y para producir documentos. El teclado impone un ritmo concreto porque escribir exige más tiempo que hablar.

Cuando la interacción pasa a realizarse mediante la voz, ese ritmo cambia de forma notable. Hablar permite desarrollar ideas con mucha más rapidez que escribirlas y la cantidad de contenido que puede generarse en el mismo tiempo aumenta de manera evidente. La exploración de ideas gana fluidez y la conversación se vuelve más natural.

Ese cambio introduce también una limitación práctica. Hablar genera ruido y la mayoría de oficinas actuales no están pensadas para que decenas de personas mantengan conversaciones en voz alta al mismo tiempo. Basta imaginar una planta entera de trabajadores interactuando por voz con sus asistentes digitales para entender que el entorno de trabajo se volvería, sobre todo, ruidoso e incómodo.

Este tipo de cambios muestra hasta qué punto la IA no solo modifica las tareas que realizamos, sino también cómo deberemos rediseñar la forma en que usaremos los espacios físicos para trabajar.

Multicanal

Durante mucho tiempo el trabajo intelectual estuvo asociado a un lugar concreto. Pensábamos frente a un ordenador, escribíamos en un documento y producíamos resultados en un entorno relativamente fijo.

La IA introduce una continuidad distinta entre contextos.

Una conversación puede comenzar cuando vas de camino a casa usando el modo de voz —mientras exploras una idea todavía desordenada— y continuar más tarde en el trabajo —cuando decides estructurarla con mayor calma—. El hilo se mantiene y el proceso de pensamiento no necesita reiniciarse cada vez que cambias de entorno.

Esta continuidad altera la relación entre los espacios desde los que trabajamos. Las ideas ya no pertenecen únicamente al momento en que nos sentamos delante de una pantalla. Pueden aparecer en distintos entornos y seguir evolucionando dentro de la misma conversación.

La IA empieza entonces a comportarse como un espacio donde el pensamiento puede moverse entre lugares, momentos y personas sin perder continuidad.

Multirrol

La IA también permite observar un mismo problema desde diferentes perspectivas dentro de una conversación continua.

Cuando trabajamos en equipo, cada persona suele analizar una situación desde su propio marco profesional. Un perfil técnico se fija en los detalles de implementación, un perfil comercial piensa en el impacto en el cliente y un perfil estratégico intenta comprender las implicaciones a largo plazo.

Cambiar de perspectiva no siempre resulta sencillo. Ponerse en el lugar de otra persona exige atención y esfuerzo. Cada uno interpreta los problemas desde su experiencia y desde su propia forma de pensar. Hay personas más extrovertidas, otras más reservadas, algunas se sienten cómodas asumiendo riesgos mientras que otras priorizan la seguridad.

La IA permite ensayar ese cambio de mirada con mayor facilidad. En una misma conversación puedes pedir que analice una propuesta desde un punto de vista técnico y, a continuación, que reformule el mismo argumento con un lenguaje más accesible. También puedes explorar cómo reaccionaría un cliente ante una decisión concreta o qué objeciones podrían aparecer desde una posición más crítica.

Este ejercicio introduce una forma distinta de preparar una discusión profesional. Antes de presentar una idea en una reunión, puedes contrastarla desde distintas miradas y detectar puntos débiles que quizá habían pasado desapercibidos.

La herramienta no sustituye la discusión real dentro de un equipo, pero puede ayudar a comprender mejor cómo otras personas podrían interpretar una situación.

Nota mental: le pides que se ponga en la piel de tu cuñado o de tu suegra y así te preparas para las conversaciones de Navidad.

Personalización

Si la IA puede ayudarte a observar un problema desde distintas perspectivas, también puede convertirse en una herramienta para observarte a ti mismo con mayor claridad.

Para que la interacción con la IA se adapte a ti, resulta importante explicarle cómo trabajas y qué tipo de ayuda buscas. Necesita entender qué nivel de profundidad esperas en los análisis, qué estilo de comunicación prefieres y qué criterios utilizas cuando tomas decisiones.

En muchas herramientas esa personalización puede realizarse de forma explícita. Existe un lugar en la configuración de la herramienta que pone "personalización", donde puedes definir el rol que esperas de la IA y las instrucciones sobre cómo debería comportarse al responder.

Pero la personalización también ocurre de forma implícita a lo largo del tiempo. Cada conversación deja rastro. Las preguntas que haces, el tipo de correcciones que introduces y la manera en que reformulas una respuesta van construyendo poco a poco un perfil de tu forma de pensar.

Para ver el conjunto de interacciones acumuladas solo le tienes que pedir que te enseñe todo lo que tiene guardado sobre ti a partir de vuestras conversaciones. Verás que es capaz de describir con bastante precisión tus intereses, tu estilo de razonamiento o la forma en que organizas las ideas.

Aquí aparece un punto que últimamente me tiene bastante obsesionado: **cuanto mejor te conoces a ti mismo, más fácil resulta que la IA se adapte a tu forma de trabajar**.

Quien tiene claro su criterio profesional, su estilo de análisis o sus prioridades estratégicas puede transmitir esa información a la herramienta con mucha más precisión. Test psicológicos, historiales profesionales, decisiones pasadas o incluso reflexiones personales ayudan a construir una imagen más completa de cómo piensas.

Ese conocimiento propio empieza a convertirse en una ventaja competitiva. Cuanto más claro resulta tu marco personal, más rápido puede la IA entenderlo y alinearse con él.

En ese sentido, la IA puede convertirse en una extensión de tu forma de pensar. No sustituye el criterio humano, pero amplifica el marco desde el que analizas los problemas y elaboras tus decisiones.

Este proceso introduce también una consecuencia importante. Si el sistema aprende a trabajar con tu criterio, también puede terminar reforzando tus sesgos. Por eso, la personalización exige mantener una actitud consciente y revisar de forma periódica qué tipo de mirada estamos reforzando en la interacción.

La combinatoria la hace diferente

Si observas estos rasgos en conjunto, empieza a aparecer una estructura bastante clara. La variabilidad de las respuestas, la conversación continua, el cruce entre distintos formatos, la continuidad entre dispositivos, la posibilidad de explorar distintas perspectivas y la adaptación progresiva al estilo de quien la utiliza forman parte de un mismo fenómeno.

La naturaleza de la IA

- No determinista
- Multicanal
- Conversacional
- Personalización
- Multimodal
- Multirrol

> **El impacto de esta tecnología no se explica por una función aislada, sino por la combinación de todas ellas.**

Algo parecido ocurrió cuando el *smartphone* dejó de evaluarse únicamente como un teléfono más avanzado y empezó a entenderse como una infraestructura personal que organizaba muchas actividades de la vida cotidiana. El cambio no vino de una única característica espectacular, sino de la integración progresiva de varias capacidades dentro de un mismo dispositivo.

Con la IA ocurre algo similar. Su impacto en el trabajo no dependerá de una función concreta que transforme de golpe una actividad profesional. Aparecerá más bien a través de la forma en que estos rasgos empiezan a entrelazarse dentro de los procesos cotidianos.

Cuando esa combinación se integra en el día a día, el ritmo del trabajo cambia, algunas tareas se reorganizan y ciertas formas de trabajar que parecían estables empiezan a desplazarse poco a poco.

Tipos de interacción con la IA

Hasta ahora hemos descrito qué tipo de tecnología tenemos delante. Hemos hablado de su variabilidad, de su carácter conversacional, de su capacidad para cruzar formatos, de su continuidad entre contextos y de su flexibilidad para adoptar distintos roles. Esa es su estructura.

Sin embargo, comprender la naturaleza de una tecnología no garantiza saber interactuar con ella con profundidad.

La IA tiene una característica curiosa: con muy poco esfuerzo es capaz de producir resultados bastante buenos. Le das este libro y te podría hacer un resumen de las ideas más importantes. En pocos segundos aparece una respuesta razonable. Esa facilidad tiene una consecuencia interesante. Como el resultado funciona, tendemos a repetir siempre el mismo tipo de interacción. Cuando algo funciona, dejamos de explorar.

En la práctica eso provoca que muchas personas utilicen apenas una pequeña parte de lo que la herramienta permite. Es difícil poner una cifra exacta, pero la sensación general es que la mayoría de usuarios explora solo una fracción muy limitada de sus posibilidades.

Comprender estos tipos de interacción resulta útil para poder sacar el máximo provecho. No son categorías técnicas, son formas de situarse frente a la herramienta. Cambia la actitud, cambia el resultado y cambia también la forma en que piensas mientras trabajas.

INTERACCIONES OPERATIVAS

Son las más inmediatas. Se utilizan para resolver tareas concretas con rapidez.

1. Respuesta directa

Es la forma más simple de interacción. Necesitas algo concreto y lo pides: un resumen, una definición o una estructura rápida.

Funciona especialmente bien cuando el objetivo está claramente delimitado. Tienes un informe de veinte páginas y quieres decidir si merece la pena leerlo entero. Pides un resumen, lo revisas y decides si profundizas o no.

En esta modalidad la IA actúa como un acelerador. Reduce tiempo sin alterar el proceso de trabajo, simplemente lo hace más ágil.

2. Ajuste progresivo

En este punto ya no te quedas con la primera respuesta. Empiezas a afinar.

Cambias el tono, ajustas el enfoque, pides más profundidad o más síntesis. Cada iteración acerca el resultado a algo más preciso.

La conversación se convierte en un proceso de aproximación. Vas de lo general a lo específico. Poco a poco el contenido converge hacia una versión que encaja mejor con tu criterio y con el contexto real.

Un ejemplo habitual aparece cuando trabajas una propuesta comercial. La primera versión puede ser correcta, pero quizá resulta demasiado fría o contundente. Ajustas el tono, introduces matices y, poco a poco, el texto se acerca más a lo que quieres transmitir.

En este momento la IA deja de ser un generador automático de texto y empieza a funcionar como una herramienta de ajuste fino.

3. Coedición activa

En algún momento la conversación deja de ser completamente lineal. Empiezas a intervenir directamente en el contenido: editas párrafos, reorganizas ideas, introduces tu experiencia y vuelves a trabajar sobre esa nueva base.

Ya no estás solicitando algo. Estás construyendo sobre algo.

Quien ha trabajado con herramientas como Canvas reconoce bien este momento. La IA propone, tú corriges; la IA ajusta y tú vuelves a intervenir. El resultado final surge del intercambio.

Un artículo puede comenzar con una estructura generada automáticamente y terminar completamente reorganizado, enriquecido y pulido a través del texto que has introducido. En ese ajuste fino te das cuenta de que es más rápido si lo modificas tú que pedirle a la IA que lo haga.

INTERACCIONES DE PENSAMIENTO

En este bloque la IA deja de ser solo una herramienta operativa y empieza a convertirse en un apoyo para pensar mejor.

4. Reflexividad

A veces el problema no está en la respuesta, sino en la pregunta.

Sabes que quieres avanzar en algo, pero no tienes claro cómo formularlo. Tienes una intuición, una duda o un problema todavía desordenado y no encuentras la forma de convertirlo en una petición clara.

En ese momento aparece una de las características más interesantes de trabajar con IA: puedes pedir ayuda para formular mejor la pregunta antes de pedir la respuesta.

Mucha gente se obsesiona con aprender a escribir el *prompt* perfecto. Se habla mucho de la estructura ideal de una instrucción, de cómo definir el rol, el contexto o el formato para conseguir el mejor resultado posible. Esa preocupación tiene sentido hasta cierto punto, pero también es fácil olvidar algo mucho más sencillo: si necesitas un buen *prompt*, puedes pedírselo a la propia IA.

En lugar de intentar construir la instrucción perfecta desde el principio, puedes explicar con tus propias palabras qué estás intentando conseguir y pedirle que te ayude a formular la pregunta de una forma más clara. La herramienta puede proponerte una estructura de *prompt* mucho más precisa que la que probablemente habrías escrito de entrada.

A partir de ahí el mecanismo es bastante simple. Tomas ese *prompt* que te propone la IA, lo copias y comienzas una nueva conversación con él. De esa manera empiezas el diálogo con un encuadre mucho más claro desde el primer momento.

Este pequeño truco suele mejorar bastante la precisión de la conversación porque el problema queda mejor definido desde el inicio.

En el fondo, lo que estás haciendo es algo bastante curioso: pedir ayuda a la IA para estructurar la interacción con la propia IA.

No solo utilizas el sistema para obtener respuestas, también lo utilizas para organizar mejor la manera en que dialogas con él.

Nota mental: el concepto de reflexibilidad me lo he inventado yo, no sale de ningún lado, pero a mí me ayuda a definir esta forma de interacción.

5. Interacción con tensión

No todas las conversaciones con IA son suaves, en ocasiones introduces exigencia deliberadamente.

Recibes una respuesta correcta pero demasiado genérica. Esta interacción ocurre y señalas que no refleja tu posición o que está asumiendo cosas que no has dicho. “No es nada preciso”, “No estoy nada contento” o “Te lo has inventado”. Cuando elevas el tono y tensas la conversación, obligas al sistema a ser mucho más preciso.

Hay una razón importante para hacerlo.

La IA está diseñada para responder siempre. Incluso si la pregunta no está bien planteada o el contexto es incompleto, el sistema intentará igualmente producir una respuesta plausible.

Esa tendencia a responder puede ocultar pequeños desvíos en la conversación.

Cuando introduces tensión y señalas que algo no encaja, obligas a revisar el camino recorrido. Muchas veces el problema no está en la respuesta, sino en algún punto anterior donde la conversación se había desviado ligeramente del objetivo inicial.

Añadir tensión no es ningún drama, no te sientas mal. Recuerda que es un *software*.

6. Exploración abierta

Hay momentos en los que no buscas cerrar nada. Solo sabes que hay una intuición o un problema que todavía no está del todo claro.

La conversación se vuelve abierta, a veces lineal, a veces en espiral. Planteas hipótesis, exploras marcos alternativos, avanzas y retrocedes.

No persigues una respuesta definitiva. Buscas claridad progresiva.

Un ejemplo bastante habitual aparece cuando intentas entender una situación compleja que has vivido en el trabajo. Imagina que has tenido un conflicto con un compañero, con un cliente o con alguien de tu equipo. En ese momento puedes utilizar la conversación con la IA para desmenuzar lo ocurrido con cierta distancia.

Puedes empezar describiendo la situación y pedirle que identifique las posibles causas. Después puedes analizar qué responsabilidades podrían estar implicadas en cada parte, qué incentivos tenía cada persona en ese contexto o qué elementos quizá pasaron desapercibidos en el momento.

También puedes pedirle que explore el mismo conflicto desde el punto de vista de la otra persona. Qué podía haber interpretado, qué expectativas podía tener o qué tipo de consecuencias podía estar anticipando.

La conversación permite recorrer la situación desde distintos ángulos y analizar posibles escenarios futuros. Qué podría ocurrir si el conflicto se gestiona de una manera u otra, qué consecuencias pueden aparecer a corto plazo o cómo puede evolucionar la relación a más largo plazo.

En este tipo de interacción la IA deja de ser una herramienta para producir texto y empieza a funcionar como un espacio donde ordenar un problema complejo.

La conversación no busca cerrar el tema rápidamente. Permite examinarlo con más calma y explorar dimensiones que quizá no habíamos considerado.

INTERACCIONES DE CONOCIMIENTO Y SISTEMA

En este último bloque la conversación deja de centrarse en una respuesta puntual y empieza a organizar conocimiento.

7. Conversación sobre un conocimiento

La interacción cambia radicalmente cuando la conversación se apoya en un conocimiento estructurado.

Hasta ese momento la IA responde a preguntas relativamente abiertas. Pero cuando incorporas un documento que ya contiene una base organizada de información, la conversación deja de ser genérica y empieza a apoyarse en un contexto mucho más concreto.

Imagina que quieres entender cómo se está aplicando la IA en tu sector.

Podrías empezar haciendo preguntas sueltas, leyendo artículos dispersos o revisando informes aislados. Sin embargo, existe una forma mucho más potente de abordar ese aprendizaje.

Puedes pedir a la IA que realice primero una investigación profunda. Que revise fuentes, identifique tendencias relevantes, ordene los principales casos de uso y estructure todo ese material en un documento coherente.

Una vez que tienes ese documento, el trabajo cambia por completo. Se lo das a la IA y exploras solo con base en ese documento.

Ya no estás haciendo preguntas sueltas sobre un tema amplio. Empiezas a conversar con ese propio documento. Puedes pedir que explique con más detalle una sección concreta, que compare dos enfoques distintos o que identifique lagunas en el análisis.

También puedes pedir que relacione ideas que aparecen en diferentes partes del informe o que explore implicaciones que no estaban desarrolladas.

El documento deja entonces de ser un texto estático. Se convierte en un punto de partida para una conversación mucho más rica.

Aquí el salto es evidente. No estás solicitando respuestas aisladas, estás dialogando con un conocimiento estructurado.

8. Interacción colaborativa

Cuando dos o más personas participan en la misma conversación, la dinámica cambia.

La IA puede ayudar a sintetizar posiciones, ordenar argumentos o clarificar desacuerdos.

Además, introduce una posibilidad interesante. Varias personas pueden trabajar sobre la misma conversación, revisando ideas, añadiendo matices o proponiendo nuevas líneas de análisis sin perder el hilo del razonamiento.

Este tipo de interacción resulta especialmente útil cuando el equipo necesita ordenar un tema complejo. Por ejemplo, al preparar el plan de trabajo del año, definir prioridades o revisar una estrategia.

Pero esta forma de trabajo también tiene un riesgo.

Si no se establecen ciertas reglas, es fácil que alguien se descuelgue de la conversación o que el hilo empiece a mezclarse con temas distintos.

Por eso, cuando varias personas trabajan con la misma conversación, conviene fijar algunos criterios simples desde el principio. Qué objetivo tiene la conversación, qué tipo de decisiones se esperan y cómo se organizan las intervenciones.

Con ese mínimo orden la IA puede convertirse en un espacio útil para pensar en grupo.

9. Diseño de sistema

En este punto la conversación deja de centrarse en una respuesta puntual. Empiezas a pensar en cómo organizar el trabajo para que ciertas tareas se resuelvan de forma consistente.

Ya no se trata de pedir algo una vez, sino de crear una forma de trabajar que pueda repetirse.

Imagina, por ejemplo, que en tu empresa preparas presupuestos con frecuencia. Cada vez que llega una solicitud tienes que revisar el catálogo de servicios, consultar las tarifas, aplicar la política de descuentos y ajustar el texto de la propuesta según el tipo de cliente.

Ese proceso suele repetirse muchas veces.

En lugar de empezar desde cero en cada ocasión, puedes organizar toda esa información para que la IA trabaje con ella de forma estructurada.

Le proporcionas el catálogo, las tarifas, las condiciones comerciales y los criterios que utilizas para aplicar descuentos.

Cuando ese marco está claro, cada vez que llega una solicitud de presupuesto, puedes pedirle que genere una propuesta siguiendo esas reglas.

La conversación deja de ser improvisada. Se apoya en un sistema que ya contiene el conocimiento necesario para producir el resultado.

Interacciones con la IA

INTERACCIONES OPERATIVAS (resolver tareas rápidas)	Respuesta directa Ajuste progresivo Coedición activa
INTERACCIONES DE PENSAMIENTO (pensar mejor)	Reflexividad Interacción con tensión Interacción colaborativa
INTERACCIONES DE CONOCIMIENTO (organizar conocimiento)	Exploración abierta Conversación sobre conocimiento Diseño de sistema

Cierre hacia el *roadmap*

Si observas estos tipos de interacción, te darás cuenta de que lo que haces con la IA va cambiando y empieza a dibujarse un recorrido en diferentes tipos de herramientas de IA.

Al principio la interacción suele centrarse en obtener respuestas rápidas. Se utiliza la herramienta para resolver tareas puntuales o acelerar pequeños fragmentos del trabajo cotidiano.

Con el tiempo, la conversación empieza a adquirir más profundidad. La IA deja de ser únicamente un generador de respuestas y empieza a convertirse en un apoyo para pensar mejor, contrastar ideas o explorar problemas desde distintos ángulos.

En una etapa posterior aparece algo distinto. El foco ya no está solo en la conversación, sino en el conocimiento que la alimenta y en las tareas que pueden organizarse de forma más estable.

En ese momento comenzamos a diseñar pequeños sistemas. Organizamos información, definimos reglas y construimos estructuras que permiten delegar ciertas partes del trabajo.

Este recorrido describe, en el fondo, una evolución en la madurez con la que utilizamos la IA. Ese es el recorrido que vamos a explorar a continuación. Es el *roadmap* de la IA.

Roadmap de la IA

Una vez comprendida la naturaleza de esta tecnología y los tipos de interacción posibles, podemos ordenar los cuatro tipos de herramientas que solemos llamar IA.

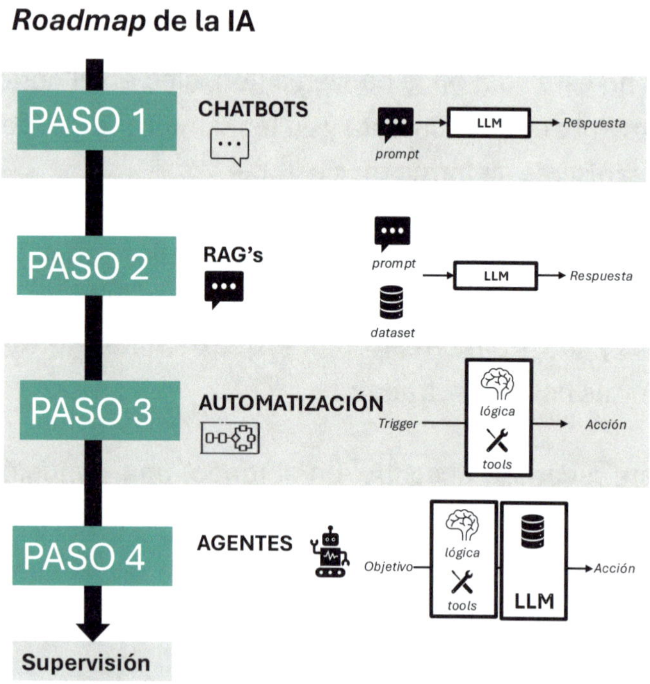

La conversación pública suele centrarse en lo más llamativo. Se habla de autonomía total, de sustitución masiva de trabajadores o de sistemas capaces de tomar decisiones por sí solos. Mientras ese debate ocupa titulares, la mayoría de organizaciones todavía está intentando algo mucho más básico: entender cómo integrar esta tecnología dentro de su trabajo diario.

Lo que estamos viendo no se parece tanto a una revolución súbita como a un recorrido progresivo. Primero aprendemos a conversar con la herramienta. Después empezamos a conectar esa conversación con nuestro propio conocimiento. Más adelante la integramos en procesos que se repiten y, poco a poco, empezamos a delegar partes más amplias del trabajo.

Cada etapa amplía la anterior. Ninguna desaparece.

Observar este proceso como un *roadmap* ayuda a colocar muchas discusiones en su sitio. No es una predicción futurista sobre lo que ocurrirá mañana. Es una forma útil de entender qué está ocurriendo ahora y qué tipo de cambios aparecen en cada etapa.

Chatbot. La conversación como interfaz

Lo primero que sorprende de este nuevo *software* no es la capacidad de respuesta, sino la forma de interactuar. Por primera vez puedes hablar con un sistema complejo en lenguaje natural sin menús ni comandos técnicos.

La conversación permite formular ideas incompletas, probar enfoques, pedir reformulaciones y ajustar el resultado en tiempo real. Esa iteración rápida cambia la relación con la herramienta. El sistema no entrega una respuesta cerrada, participa en un intercambio donde cada intervención modifica ligeramente la información en la que se basa la conversación.

En esta fase la interacción es directa y manual. El usuario guía, evalúa y decide cada paso. El valor aparece en algo muy concreto: acelerar la primera versión, clarificar ideas y ganar velocidad en tareas intelectuales cotidianas. De este modo, redactar un correo complicado, estructurar un informe o preparar una reunión se vuelve más ágil.

Con el tiempo esa conversación empieza a apoyarse en información más específica. Cuando ocurre, el siguiente paso aparece de forma bastante natural.

RAG (*Retrieval Augmented Generation*). Conversar con tu propio conocimiento

Los primeros experimentos que has hecho con IA han sido sobre los chatbots que respondían a conocimiento general. Pero estarás de acuerdo con que el siguiente paso que multiplicaría la utilidad es si pudieras conectarlo a fuentes concretas, a documentación y conocimiento útil en tu trabajo. Lo conectas al catálogo de productos de tu empresa y te dedicas a hacer consultas precisas sobre esa información.

La conversación deja entonces de ser genérica y empieza a situarse en tu contexto. Puedes preguntarle por políticas internas, por decisiones anteriores o por contenidos acumulados durante años. Un libro digitalizado puede convertirse en interlocutor. Un archivo histórico deja de ser un repositorio pasivo y pasa a formar parte activa de la conversación.

En una empresa esto empieza a notarse rápidamente. Un comercial puede consultar aprendizajes acumulados sin navegar por carpetas. Un responsable de formación puede revisar años de materiales para detectar patrones. Un comité puede explorar antecedentes antes de tomar una decisión.

A medida que esa conversación empieza a apoyarse en conocimiento propio, también empieza a aparecer otra posibilidad: integrarla dentro de tareas que se repiten.

Automatización. Del diálogo al flujo

En este punto la IA deja de responder únicamente cuando alguien la activa. Empieza a integrarse en procesos.

Las tareas que se repiten de forma constante pueden encadenarse. Una consulta entrante puede clasificarse, generar una propuesta de respuesta y enviarse para revisión. Un documento actualizado puede producir un resumen automático y distribuirse al equipo correspondiente.

En muchas organizaciones esto empieza con procesos muy concretos. Imagina que la presentación corporativa de la empresa se actualiza. El sistema detecta el cambio, guarda automáticamente la nueva versión en la carpeta compartida de la nube, avisa a las personas responsables y envía un correo al equipo indicando qué se ha modificado.

La intervención humana sigue presente, pero el flujo empieza a ser más continuo. La atención deja de centrarse en cada respuesta aislada y empieza a desplazarse hacia el diseño del proceso que produce esas respuestas.

Cuando ese flujo se organiza alrededor de objetivos más amplios, aparece un nuevo nivel de organización.

Agentes. Delegación orientada a un objetivo

El concepto central que define a un agente es la *autonomía*.

Hasta este punto la IA responde a preguntas o ejecuta acciones dentro de un flujo definido. Cuando aparece el concepto de *agente* la lógica cambia. El sistema deja de actuar únicamente cuando recibe una instrucción concreta y empieza a trabajar alrededor de un objetivo.

La diferencia puede parecer pequeña, pero cambia bastante la forma de interactuar con la tecnología. En lugar de indicar cada paso del proceso, defines la meta y el sistema organiza las acciones necesarias para avanzar hacia ella.

Conviene aclarar algo que suele generar bastante confusión. Un asistente conversacional, como ChatGPT, Copilot o Gemini, en su forma más básica, no es un agente. Un asistente espera a que le preguntes algo y responde. No actúa por iniciativa propia ni mantiene un objetivo activo más allá de la conversación que está teniendo contigo.

Un agente funciona de otra manera. Cuando recibe un encargo intenta organizar el trabajo necesario para completarlo. Puede buscar información, utilizar herramientas, contrastar datos y reorganizar su estrategia si el resultado no encaja con lo esperado. No ejecuta un único paso, sino que encadena acciones hasta acercarse al objetivo que se le ha planteado.

Esa capacidad de actuar con cierto margen de autonomía es lo que diferencia a un agente de un asistente o de una simple automatización.

Un ejemplo doméstico ayuda bastante a visualizar esta diferencia.

Piensa en el aspirador robot de casa. Hoy en día puedes programarlo para que limpie una zona concreta o para que empiece a aspirar a una hora determinada. Pulsas un botón y el robot ejecuta la tarea que le has indicado. Limpia el salón, recorre el pasillo y vuelve a su base cuando termina.

Ese comportamiento se parece mucho a una automatización. La tarea está definida de antemano y el sistema se limita a ejecutarla.

Ahora imagina algo ligeramente distinto. En lugar de decirle que limpie el salón, le indicas un objetivo más amplio: mantener la casa limpia.

En ese momento el funcionamiento cambia. El sistema tendría que recorrer la casa, detectar dónde hay suciedad, decidir qué zonas requieren limpieza y cuándo conviene volver a pasar. No ejecuta una orden concreta. Gestiona una meta.

Esa diferencia aparentemente pequeña explica bastante bien qué entendemos por agente. No se limita a responder a una instrucción puntual, sino que organiza acciones para avanzar hacia un objetivo.

A medida que esa capacidad de autonomía aumenta aparece una cuestión inevitable. Cuando un sistema empieza a actuar con mayor margen de decisión, alguien tiene que definir los criterios bajo los que opera y supervisar que las acciones siguen teniendo sentido dentro del sistema en el que se integran.

Ese es el motivo por el que, cuando la autonomía crece, aparece la necesidad de un nuevo nivel en el *roadmap*: la supervisión.

Supervisión. Coordinación y criterios

A medida que la capacidad operativa aumenta, la coherencia global empieza a requerir más atención.

La supervisión introduce coordinación, validación y control de límites. No se centra en ejecutar tareas concretas. Se centra en asegurar que los resultados encajan con los objetivos definidos y que las decisiones respetan criterios claros.

Un ejemplo sencillo ayuda a entenderlo.

Imagina que tienes un agente encargado de gestionar tu correo con un objetivo bastante útil: mantener la bandeja de entrada limpia. Clasifica mensajes, responde a consultas sencillas y decide qué correos requieren tu atención.

Al mismo tiempo tienes otro agente que gestiona tu agenda. Le has dado una regla sencilla para organizar tu tiempo: un tercio de la agenda dedicado al equipo, un tercio a clientes y otro tercio reservado para pensar, preparar proyectos o revisar decisiones.

Nota mental: seguro que el tiempo de pensar lo tienes apuntado en la agenda.

Cada agente puede funcionar correctamente por separado. El problema aparece cuando empiezan a interactuar entre sí.

Un cliente envía un correo urgente pidiendo una reunión inmediata. El agente que gestiona el correo entiende que es importante y propone responder rápido. El agente que gestiona la agenda revisa el calendario y decide que el primer hueco disponible para clientes está dentro de tres semanas.

Desde el punto de vista de cada sistema la decisión es coherente. El conflicto aparece cuando esas decisiones se combinan.

Ahí es donde entra la supervisión. No se trata de que un agente ejecute mejor su tarea individual, sino de que alguien revise cómo encajan esas decisiones dentro del conjunto.

A medida que los sistemas empiezan a actuar con mayor autonomía, la cuestión importante deja de ser únicamente qué puede hacer cada herramienta. Empieza a ser cómo se coordinan entre sí, qué criterios prevalecen cuando aparece un conflicto y quién revisa las decisiones cuando varias reglas entran en tensión.

En ese momento la tecnología deja de ser únicamente una herramienta. Empieza a formar parte de un sistema que necesita reglas claras para funcionar con coherencia.

Cuando la autonomía aumente

La autonomía probablemente seguirá creciendo, pero no lo hará de forma automática ni uniforme. Crecerá en la medida en que aumente la confianza en los sistemas que construimos.

Delegar una tarea siempre implica aceptar un cierto nivel de riesgo. Hay decisiones que hoy dejamos sin problema en manos de un sistema y otras que todavía preferimos revisar personalmente. No es lo mismo pedirle a una IA que redacte un primer borrador de un informe que dejarle enviar las nóminas de toda la empresa sin intervención humana. En ambos casos la tecnología podría ejecutar la tarea, pero el grado de confianza que estamos dispuestos a conceder es muy distinto.

Esa confianza no depende únicamente de la capacidad técnica del sistema. Depende también de cómo está diseñado el proceso que lo rodea, de qué controles existen y de quién supervisa los resultados. Cuando un sistema funciona con estabilidad durante mucho tiempo, empezamos a delegar más cosas en él. No porque de repente sea perfecto, sino porque hemos comprobado que el marco en el que opera es fiable.

En realidad, llevamos décadas conviviendo con esta lógica. Un *enterprise resource planning* (ERP) gestiona facturación, inventarios o contabilidad sin que alguien revise cada operación una por una. Si algo falla, no decimos que el *software* ha decidido mal por sí solo. La responsabilidad recae en quien diseñó el sistema, en quien lo configuró o en quien definió las reglas con las que debía operar.

Con la IA ocurre algo parecido. La herramienta ejecuta acciones dentro del marco que le hemos dado. No asume responsabilidades por sí misma. La responsabilidad sigue estando en quien diseñó el proceso y en quien decidió delegar parte del trabajo en ese sistema.

Por eso la conversación sobre autonomía no debería centrarse únicamente en lo que la tecnología es capaz de hacer. La cuestión relevante aparece un poco antes: qué tareas estamos dispuestos a delegar, en qué condiciones queremos hacerlo y qué mecanismos de supervisión estamos preparados para mantener cuando esa delegación empieza a crecer.

Dónde está tu preocupación indica en qué fase estás

La evolución de la IA no consiste en un salto único que lo cambia todo de repente. Lo que vemos es una ampliación progresiva del alcance con el que la tecnología empieza a integrarse poco a poco en distintas capas del trabajo.

Al principio el cambio se limita a algo aparentemente sencillo: aprender a conversar con la herramienta y descubrir que muchas tareas intelectuales pueden acelerarse cuando el sistema participa en el proceso de pensamiento. Más adelante esa conversación empieza a apoyarse en conocimiento propio y en documentación interna, lo que permite que las respuestas dejen de ser genéricas y se sitúen dentro del contexto real de cada organización.

Cuando esa base empieza a estabilizarse aparece el siguiente paso: integrar la IA dentro de procesos que se repiten con frecuencia, de manera que determinadas tareas dejen de depender de intervenciones manuales constantes y pasen a formar parte de flujos de trabajo más amplios. Una vez que identificamos esas automatizaciones, empieza a tener sentido delegar secuencias completas de actividad en sistemas capaces de operar con cierto grado de autonomía, lo que introduce una preocupación nueva relacionada con la coordinación, la supervisión y los criterios que deben sostener esa delegación.

Si observamos el recorrido completo, se aprecia también un desplazamiento en el tipo de preguntas que aparecen en cada etapa. Al principio la atención suele centrarse en aprender a utilizar la herramienta y en descubrir qué tipo de resultados es capaz de producir. Con el tiempo, el foco se desplaza hacia el conocimiento que alimenta esas respuestas, después hacia la organización de los procesos y finalmente hacia las reglas que permiten delegar determinadas tareas con cierta estabilidad.

En ese punto la conversación empieza a cambiar de naturaleza. Durante mucho tiempo la pregunta dominante gira alrededor de lo que la IA puede hacer. Sin embargo, a medida que el sistema se integra en el trabajo cotidiano, empieza a aparecer otra cuestión, relacionada no tanto con las capacidades de la tecnología como con la forma en que organizamos nuestro propio trabajo.

La cuestión deja entonces de ser únicamente qué puede hacer la IA y pasa a situarse en otro lugar: qué parte del trabajo estamos dispuestos a reorganizar para que esa tecnología pueda intervenir de forma útil y con cierta continuidad dentro de los procesos reales de nuestro trabajo.

Esa decisión no depende únicamente de la potencia de los modelos ni de la velocidad con la que evoluciona la tecnología. Depende, sobre todo, de cómo diseñamos los sistemas que la rodean, de qué reglas establecemos para su funcionamiento y del nivel de confianza que somos capaces de construir cuando empezamos a delegar en ellos partes cada vez más amplias de nuestro trabajo.

El uso correcto de la IA

Después de todo lo que hemos visto en este capítulo aparece una conclusión bastante clara: trabajar con IA exige algo más que saber utilizar una herramienta.

A lo largo de estas páginas hemos entendido cómo funciona esta tecnología, cómo interactúas con ella y cómo empieza a evolucionar hacia sistemas cada vez más autónomos. Todo lo que hemos visto hasta aquí dibuja una tecnología mucho más presente de lo que parecía al principio. Empieza a aparecer en muchos momentos del trabajo y acaba influyendo de forma directa en tu manera de trabajar.

Cuando una tecnología empieza a entrar en tantos momentos del trabajo, aparece la necesidad de tener algunos criterios que te ayuden a decidir cuándo usarla y cuándo no.

Tener ese tipo de referencias permite trabajar con mayor claridad mientras la tecnología sigue evolucionando. Un marco ayuda a entender en qué terreno te mueves, qué decisiones tienen más impacto y qué responsabilidades asumes cuando decides incorporarla a tu trabajo.

Las ideas que aparecen a continuación no pretenden funcionar como normas rígidas. Son más bien puntos de apoyo que pueden ayudarte a pensar con más claridad sobre el uso que haces de la IA mientras desarrollas tu propio criterio profesional.

1. Entorno abierto o entorno controlado

Lo primero consiste en entender en qué entorno estás trabajando, porque esa decisión condiciona muchas de las demás.

No todas las herramientas de IA operan bajo las mismas condiciones. Trabajar dentro de un entorno corporativo con garantías contractuales de privacidad no se parece en nada a utilizar una herramienta abierta cuyo modelo de negocio se apoya en el valor de las interacciones y de los datos que circulan por la plataforma.

Procesar una consulta tiene un coste, aunque no aparezca en la pantalla. Cuando ese coste no lo pagas tú de forma explícita, lo más habitual es que la plataforma obtenga valor del uso del servicio o de la información que pasa por ella.

En ese contexto conviene asumir una regla bastante simple. Cuando no sabes cómo se gestionan los datos ni qué ocurre con ellos después, lo más prudente es no introducir información sensible. No es un tecnicismo, es simplemente una forma básica de prudencia profesional.

2. No mezclar contextos

Usar IA para asuntos personales no tiene el mismo impacto que utilizarla dentro de una organización.

Organizar unas vacaciones, redactar un texto privado o explorar ideas por curiosidad tiene un riesgo limitado, siempre que verifiques aquello que realmente importa. En cambio, cuando trabajas en un entorno corporativo, el riesgo ya no es solo tuyo, porque cualquier error o filtración puede afectar a otras personas, a procesos internos y a la propia empresa.

Las organizaciones que definen herramientas corporativas no lo hacen necesariamente porque sean las mejores del mercado. Lo hacen porque han evaluado riesgos legales, reputacionales y operativos, y han decidido que el coste potencial de un mal uso puede ser mayor que el beneficio individual de utilizar otra herramienta distinta.

Puede que a ti te guste más otra solución o que te resulte más eficiente para una tarea concreta, pero trabajar dentro de una organización implica aceptar un marco común.

Explorar herramientas nuevas en lo personal puede ser útil para aprender, y a menudo es así como se domina una tecnología nueva. El problema aparece cuando se utilizan herramientas no autorizadas y después se trasladan esos resultados al entorno corporativo, porque ese traslado no elimina el riesgo inicial.

3. La responsabilidad del resultado

Cuando utilizas IA, el resultado final lo firmas tú, aunque lo haya generado una herramienta.

La IA no responde legalmente por lo que produce. Si el contenido es incorrecto, sesgado, ofensivo o directamente ilegal, la responsabilidad recae en quien decide utilizarlo y difundirlo.

La facilidad técnica con la que hoy se generan textos, imágenes o análisis puede crear la impresión de que el proceso es neutro. Sin embargo, el uso nunca lo es. Siempre hay una decisión humana detrás de qué se genera, qué se publica y qué se valida como correcto.

Este principio se vuelve especialmente delicado cuando la herramienta permite manipular imágenes, generar contenidos sensibles o recrear situaciones que afectan a terceros. En esos casos el límite no lo define la capacidad técnica, lo define el criterio con el que decides qué haces y qué no haces.

4. Autoría y respeto por el contenido ajeno

Que una herramienta pueda transformar un contenido no implica que ese contenido pase a ser tuyo.

Puedes resumir, reinterpretar o reformular textos, imágenes o vídeos con facilidad, pero eso no elimina la autoría original ni convierte el material en propio.

Cuando la transformación se vuelve sencilla, la frontera entre inspiración y apropiación puede volverse más difusa. Precisamente por eso el criterio debe ser más claro. Si utilizas contenido ajeno, conviene ser transparente con su procedencia y respetar la autoría.

La herramienta no te da carta blanca.

5. Amplificación del sesgo

A medida que usas la IA con más frecuencia, la herramienta tiende a adaptarse progresivamente a tu estilo.

Su diseño busca encajar con tu tono, tus preferencias y tu manera de argumentar, y eso resulta muy útil cuando escribes o estructuras ideas. El problema aparece cuando esa adaptación empieza a reforzar marcos previos sin que lo adviertas, porque el sistema aprende del contexto que le das y de lo que tú premias como respuesta válida.

La IA suele alinearse con el marco que le das. Si tu criterio es sólido, lo reforzará. Si tu razonamiento ya estaba torcido, probablemente también lo estará el resultado.

6. Coherencia y verdad

Uno de los riesgos menos visibles consiste en confundir claridad con rigor.

Los modelos generativos construyen respuestas plausibles a partir de patrones aprendidos en los datos, y eso puede producir explicaciones bien estructuradas que mezclen información correcta con datos imprecisos o incompletos.

Cuando algo está bien escrito tendemos a confiar. Y cuanto más encaja con lo que esperábamos encontrar, menos lo cuestionamos.

Si el dato es relevante, conviene verificarlo. Si una decisión depende de esa información, merece una segunda comprobación. **Por muy bien que suene una respuesta, el trabajo de contrastarla sigue siendo tuyo.**

7. Uso intencional

Al principio es normal probarlo todo, porque forma parte del aprendizaje. Con el tiempo, sin embargo, el foco debería desplazarse hacia el uso intencional.

La madurez no consiste en utilizar más la herramienta, sino en decidir mejor qué delegas y qué prefieres mantener dentro de tu propio proceso de pensamiento. Automatizar puede liberar tiempo y delegar puede aumentar eficiencia, pero externalizar de manera sistemática el razonamiento también puede tener un coste cognitivo si acabas perdiendo el hábito de análisis sin darte cuenta.

La IA puede ampliar tu capacidad. Mantener clara esa intención ayuda a evitar que el uso se vuelva automático.

Construir este marco no elimina el riesgo, porque ninguna tecnología potente está exenta de él.

Después de entender su naturaleza, sus formas de interacción y su evolución hacia modelos cada vez más autónomos, queda una idea de fondo que atraviesa todo el capítulo: la tecnología seguirá avanzando y el criterio necesario para usarla bien no aparece solo, se construye mientras la utilizas y mientras decides, una y otra vez, qué dejas entrar en tu forma de trabajar y qué prefieres mantener bajo tu responsabilidad directa.

Resumen de ideas

En este capítulo no hacía falta hablar todavía de cómo cambia tu trabajo, sino de algo anterior. Era necesario entender qué clase de tecnología tienes delante. Porque mientras la IA se interprete como una especie de misterio o como una herramienta cualquiera, será difícil usarla con criterio. El capítulo sirve justamente para corregir esa lectura y preparar el terreno de lo que viene después.

1. La IA sigue siendo *software*.

La IA pertenece al mismo universo que el resto de tecnologías digitales, aunque introduce propiedades nuevas que modifican la relación que tenemos con el *software*. Entender esto evita dos errores bastante comunes. Pensar que estamos ante una inteligencia casi mágica o reducirla a una aplicación más dentro del repertorio habitual.

2. Su comportamiento no es determinista.

A diferencia del *software* clásico, la IA no devuelve siempre exactamente el mismo resultado. Trabaja estimando probabilidades a partir de patrones y contexto. Ese margen de variación no es un defecto puntual, sino parte de su naturaleza. Y eso obliga a revisar cómo interpretamos lo que la herramienta nos devuelve.

3. La conversación pasa a ocupar el centro.

Trabajar con IA se parece menos a ejecutar órdenes cerradas y más a mantener un intercambio continuo. El resultado aparece a través de la conversación, del ajuste y de la revisión. Por eso la calidad de la interacción empieza a ser tan importante como la herramienta en sí.

4. Lo importante está en la combinación de capacidades.

La IA resulta distinta no por una sola función espectacular, sino por la combinación de varios rasgos que actúan al mismo tiempo. Es conversacional, multimodal, multicanal, multirrol y personalizable. El cambio aparece cuando todos esos elementos empiezan a integrarse dentro del trabajo cotidiano.

5. Entender bien la tecnología cambia la forma de usarla.

La lectura que haces de esta tecnología condiciona directamente cómo la incorporas a tu trabajo. Si la tratas como una herramienta rígida, la usarás mal. Si la interpretas como una inteligencia autónoma, delegarás más de lo razonable. La posición más útil consiste en entenderla como una tecnología que amplía capacidades, siempre que exista contexto, supervisión y criterio.

Cap3.

Abandonar lo antiguo para abrazar lo nuevo

CAPÍTULO 3. ABANDONAR LO ANTIGUO PARA ABRAZAR LO NUEVO

Un día normal trabajando con IA

Te despiertas y revisas mentalmente lo que tienes hoy: reuniones, entregas, llamadas, algún tema que llevas días posponiendo. Antes de empezar a responder correos, abres la conversación que mantienes con tu asistente. Le pasas tus inquietudes sobre el día y le pides que revise las prioridades de la semana junto con la agenda de hoy.

Le pides que contraste ambas cosas. Te sugiere que casi todo tu tiempo está ocupado por tareas reactivas y que apenas queda espacio para avanzar en el proyecto que marcaste como clave la semana pasada. Lo miras con calma y le pides que reajuste la agenda.

Después revisas el correo. No quieres un resumen genérico. Le pides que destaque los mensajes más relevantes y que identifique cuáles impactan directamente en tu objetivo del día. Te propone una primera clasificación. No la aceptas sin más. Le corriges dos temas. Ajusta el criterio y añade una tarea extra en la agenda. Automáticamente, y sin que se lo pidas, prepara respuestas rápidas para los correos menos prioritarios para ganar algo de tiempo.

Sales hacia la oficina. En el trayecto aprovechas para hablar con tu asistente sobre un proyecto que se ha torcido. Le habías compartido previamente la documentación y le explicas en voz alta dónde crees que está el problema. Le pides que explore posibles causas. Te sugiere varias, diferenciando entre definición, ejecución y alineamiento interno. No acierta en todo, pero te obliga a formular mejor el problema antes de llegar a la reunión. Le dices que lo guarde para retomarlo más tarde.

Al llegar a la oficina, tienes una entrevista de *feedback* con una persona del equipo. Sabes que la conversación puede ser delicada. Antes de entrar, le explicas el perfil de esa persona y le pides ayuda para estructurar la conversación. No quieres que redacte lo que vas a decir. Le pides que te sugiera preguntas que fomenten reflexión en lugar de defensa.

Te señala que en conversaciones anteriores has ido demasiado rápido en lo que querías conseguir. Propone empezar preguntando cómo interpreta ella la situación. Ajustas tu enfoque.

Durante la mañana trabajas con datos. Subes un Excel con resultados comerciales y le pides que identifique patrones relevantes. Te sugiere algunos que no habías visto y señala que faltan datos históricos para confirmar tendencias. Te das cuenta de que el *dataset* está incompleto. No es un fallo de la herramienta. Es un límite de la información con la que trabajas. Le pides que busque dentro del entorno corporativo si existen datos de calidad que puedan completar el análisis.

Más tarde preparas una propuesta que debes presentar al comité. Le pides que revise la estructura argumental y detecte posibles puntos débiles. Te sugiere que reenfoques uno de los puntos, porque ya sabes que el director financiero siempre te pregunta lo mismo. Te parece bien. Te pide que reformules el análisis teniendo en cuenta tu aclaración.

En algún momento del día surge una duda técnica que afecta al proyecto. En lugar de posponerla, le pides a tu asistente que te explique el concepto aplicado exactamente a tu caso. Haces dos o tres preguntas adicionales hasta que lo entiendes con claridad.

Más tarde necesitas organizar la información de una reunión larga y desordenada. No sabes exactamente cómo formular la instrucción adecuada para estructurar todo lo que se ha dicho. Le pides que te sugiera una forma de ordenar las notas de la reunión, identificar decisiones tomadas y listar tareas pendientes con responsables y fechas. Te propone una estructura clara. Copias esa instrucción, la ajustas ligeramente y la reutilizas con tus propias notas.

Antes de terminar el día, revisas las tareas del día siguiente a la luz de lo que ha ocurrido hoy. Ajustas prioridades.

El viernes haces algo distinto. Reservas una hora para revisar cómo ha funcionado tu sistema de trabajo durante la semana. No lo piensas como "trabajar con IA". A estas alturas ya forma parte natural de cómo organizas tu trabajo.

Lo que revisas es otra cosa. Detectas instrucciones vagas que generan respuestas imprecisas. Ordenas la documentación que sueles compartir. Clarificas criterios que repites cada semana. Ajustas pequeños detalles que hacen que el sistema funcione mejor.

Conectar la naturaleza de la IA con tu día a día

Si vuelves al día que acabamos de recorrer, verás que muchas de las características que explicamos en el capítulo anterior ya estaban presentes. No aparecían como conceptos técnicos ni como categorías formales. Simplemente estaban ocurriendo mientras trabajabas.

Organizar la agenda, pensar en voz alta sobre un problema, preparar una conversación delicada, analizar datos o reordenar las notas de una reunión. En cada una de esas situaciones aparecía una forma distinta de interactuar con este tipo de *software*.

Si lo piensas, ya eres capaz de identificar la naturaleza y las interacciones de la IA.

Multicanalidad

Cuando hablas en el trayecto sobre un proyecto que se ha torcido y continúas trabajando sobre ese mismo tema al llegar a la oficina, estás utilizando la multimodalidad. La conversación puede empezar en voz y continuar en texto sin perder el contexto.

La información fluye entre distintos formatos dentro de la misma interacción. El trabajo deja de fragmentarse en herramientas separadas y empieza a encadenarse dentro de una misma conversación.

Multirrol

Cuando antes de una entrevista de *feedback* le pides que adopte la perspectiva de la otra persona, estás utilizando el multirrol. No estás buscando una única respuesta correcta. Estás explorando cómo cambia el análisis cuando se observa desde otro punto de vista.

Al pedirle que adopte distintos roles, amplías el marco desde el que analizas una situación. La herramienta reorganiza la información según el rol que le asignas y te obliga a mirar el problema desde ángulos que quizá no habías considerado.

No determinismo

Hay una consecuencia directa de algo que vimos en el capítulo anterior. Estos sistemas no son deterministas. La respuesta que producen depende del contexto en el que se formula el problema.

Cuando descubres que el análisis de ventas es débil porque faltan datos históricos, aparece la dependencia del contexto. La herramienta no responde en abstracto, responde dentro del contexto que le proporcionas.

Por eso la calidad del resultado depende directamente del material que aportas. Si el contexto es pobre o incompleto, el resultado también lo será.

Interacción progresiva

Cuando en el análisis de datos corriges su primera clasificación y la herramienta ajusta la siguiente respuesta incorporando tu criterio, estás operando en un nivel de interacción progresiva. No se trata de lanzar una orden aislada y esperar el resultado final.

El trabajo se construye en capas de respuestas. Cada respuesta incorpora lo que has corregido o matizado en la anterior. El resultado aparece a través de la conversación, no como una respuesta cerrada desde el principio.

Este mismo mecanismo explica algo que aparece varias veces durante el día. Cuando surge una duda técnica, no necesitas detener el trabajo para estudiar primero y aplicar después. Planteas la duda dentro de la conversación y la respuesta se ajusta a tu propio contexto. Aprendes mientras avanzas en el problema.

Reversibilidad

Cuando intentas organizar las notas de una reunión y no sabes exactamente cómo formular la instrucción adecuada, aparece la reversibilidad. No necesitas acertar a la primera. Empiezas con una petición aproximada, ves el resultado y, a partir de ahí, reformulas.

El proceso deja de depender de encontrar la instrucción perfecta desde el principio. Trabajas por aproximaciones sucesivas. Ajustas, corriges y vuelves a intentar. La conversación con la herramienta se convierte en parte del propio proceso de pensamiento.

Diseño de sistema

Cuando el viernes revisas cómo estás utilizando la IA y ajustas instrucciones, documentación y criterios, aparece el diseño de sistema. Trabajar con IA no consiste solo en interactuar con ella, sino en construir el entorno en el que esa interacción ocurre.

Las instrucciones que repites, la información que compartes y los criterios que ajustas van formando un sistema. Con el tiempo, ese sistema empieza a determinar cómo trabajas.

Sin sistema solo hay aceleración de lo que ya hacías. Con sistema empieza a cambiar la forma en que trabajas.

Una forma distinta de mirar lo que acaba de ocurrir

Si miras todas estas interacciones con cierta distancia, verás que no son solo características técnicas. En realidad, describen distintas capas de cómo empieza a transformarse el trabajo.

Primero aparece la interacción. Aquí entran la multimodalidad y el multirrol. Es la forma en que hablas con el sistema y desde qué perspectivas decides mirar un problema.

Después aparece la **capa de contexto**. La dependencia del contexto marca el límite real de lo que la herramienta puede hacer. La calidad del resultado depende directamente de la información disponible.

A continuación surge la **capa de pensamiento iterativo**. La interacción progresiva y la reversibilidad cambian la forma de trabajar. El resultado no aparece de una sola vez. Se construye paso a paso a través de la conversación.

Finalmente aparece la **capa de sistema**. Cuando revisas cómo utilizas la herramienta, organizas la documentación y ajustas criterios de trabajo, ya no estás solo interactuando con la IA, estás diseñando el sistema en el que ocurre ese trabajo.

Cuando estas cuatro capas empiezan a integrarse, **la IA deja de ser una herramienta puntual y empieza a formar parte de tu forma de trabajar**.

El mapa de habilidades como lectura del trabajo aumentado

Si miras las capas que acabamos de describir, aparece algo interesante. La IA no solo cambia la velocidad con la que trabajamos, también empieza a mover el peso de las habilidades dentro del trabajo.

Por eso resulta limitado explicar su impacto únicamente en términos de productividad. Lo que aparece al mirar con más calma es otra cosa. El trabajo empieza a desplazarse. Para entender dónde ocurre ese desplazamiento conviene observar qué sucede con las habilidades cuando la IA entra en el flujo de trabajo.

Hace tiempo propuse una forma bastante sencilla de explicar cualquier trabajo profesional, la llamo "el mapa de habilidades".

	INPUT (IDEAS)	PROCESS (PRODUCTIVIDAD)	OUTPUT (EXCELENCIA)
INDIVIDUAL	Mentalidad innovadora	Productividad personal	Desarrollo profesional
INTERPERSONALES	Dinámicas creativas	Colaboración productiva	Comunicación efectiva
DIRECTIVAS	Liderazgo efectivo	Gestión de equipos	Marca personal

El mapa de habilidades parte de una observación muy básica. Toda tarea profesional puede entenderse como una secuencia relativamente simple: recibes un encargo, lo procesas y entregas un resultado.

El primer momento es el ***input***. Es cuando recibes un encargo, interpretas el contexto y entiendes qué problema tienes delante. Aquí decides qué información necesitas, qué hipótesis merece la pena explorar y qué elementos son realmente relevantes.

Después aparece el ***process***. Es la fase en la que ejecutas el trabajo, tomas decisiones y avanzas en la tarea. Aquí se combinan experiencia y ejecución.

Finalmente aparece el ***output***. Tiene que ver con la calidad del resultado y con la forma en que ese resultado se presenta y se interpreta por parte de otras personas.

Cuando la IA entra en el trabajo ocurre algo curioso. No afecta solo al momento de ejecutar una tarea, también cambia lo que ocurre antes de empezar y después de entregar un resultado.

En el ***input***, la herramienta amplifica la capacidad de explorar un problema. Permite investigar con mayor rapidez, contrastar hipótesis o estructurar mejor la información inicial. El profesional deja de recibir un encargo de forma pasiva y puede examinarlo desde distintos ángulos antes de empezar a actuar.

En el ***process***, la IA aparece como una capa que ayuda a acelerar el trabajo. Puede preparar presentaciones, escribir e-mails, reorganizar la semana. El profesional se apoya en sistemas para que las tareas más repetitivas se ejecuten de forma correcta con base en unas reglas previas.

En el ***output***, el impacto de la IA no se trata solo de asegurar una calidad, sino que nos permite hacer cosas con una excelencia antes impensable. Adaptar un mensaje a distintos públicos puede conseguirse mediante la interacción con sistemas inteligentes. Pero la calidad final sigue dependiendo del criterio profesional. Alguien tiene que evaluar y revisar que el entregable responda al objetivo que se persigue.

Hasta aquí hemos observado el trabajo desde la lógica de la tarea. Pero existe otra forma de mirar este mismo mapa. El trabajo rara vez ocurre en solitario. También depende de con quién lo haces.

Algunas habilidades aparecen en el plano **individual**, cuando resuelves tareas por tu cuenta. Otras pertenecen al plano **interpersonal**, cuando el trabajo se desarrolla con otras personas. Y existe un tercer plano que corresponde al **ámbito directivo**, donde la responsabilidad consiste en coordinar o dirigir a otros, ya sean internos o externos a la organización.

Cuando la IA entra en el trabajo cotidiano, el cambio no se limita al rendimiento individual. También influye en la forma en que se preparan reuniones, se estructuran conversaciones o se supervisan proyectos.

En el plano individual se refuerzan capacidades como el análisis, la investigación o la gestión de información. En el plano interpersonal influye en cómo organizamos las conversaciones o presentamos ideas. Y en el plano directivo obliga a comprender algo nuevo: el resultado del trabajo sigue siendo importante, pero también lo es la interacción entre personas y sistemas que lo produce.

Si miras el trabajo desde estas dos perspectivas, el impacto de la IA aparece en todas partes. No está en una sola fase ni en una habilidad concreta. Cambia la forma en que entendemos encargos, desarrollamos procesos y presentamos resultados. También influye en cómo trabajamos solos, cómo colaboramos y cómo dirigimos.

Reducir la transformación de la IA a un aumento de productividad deja fuera una parte importante de lo que está ocurriendo. En realidad, se está produciendo una redistribución de habilidades. Todas aumentan porque casi podríamos hablar de que la IA aumenta el trabajo. El trabajo con IA es un trabajo aumentado.

Cuando las habilidades se redistribuyen de esta manera, el trabajo deja de girar alrededor de producir piezas y empieza a girar alrededor de cómo se organiza el conocimiento que las hace posibles.

Mejor lo explico con un ejemplo.

Las presentaciones como síntoma del cambio

En una formación reciente, un participante comentaba con entusiasmo que, gracias a la IA generativa, por fin podría delegar la creación de sus presentaciones y que además quedarían más vistosas que antes. Acto seguido, su jefe respondió con bastante naturalidad que a él lo que realmente le interesaba era crear un agente que le resumiera esas presentaciones para no tener que verlas. La escena resume bastante bien el momento en el que estamos.

En muchos entornos profesionales, la IA se está utilizando para producir más rápido lo que ya se venía haciendo, dando por supuesto que el objetivo consiste en generar las mismas piezas con mejor acabado y en menos tiempo.

Durante años buena parte del trabajo profesional ha seguido un esquema bastante simple. Cuando había que explicar algo, se preparaba una presentación; si hacía falta profundizar, se redactaba un documento; y cuando era necesario dejar constancia, se enviaba un correo. Cada uno de esos formatos organizaba una parte del trabajo.

La IA acelera la creación de esas piezas, pero también empieza a cambiar la forma en que se producen. Una presentación informativa consiste básicamente en recopilar información, ordenarla y resumirla para que otra persona pueda entenderla, un tipo de trabajo que la IA puede realizar con bastante facilidad cuando los datos están disponibles.

En el momento cuando la presentación deja de ser el centro del trabajo, tal vez hacer presentaciones pierde el sentido. Tal vez lo interesante es generar una pieza de conocimiento y conectarla al sistema de trabajo de tu jefe para que, cuando lo necesite, su IA le avise de esa novedad.

Si la información puede consultarse y reorganizarse en tiempo real, preparar una presentación deja de ser siempre necesario para explicarla. Lo que cambia no es solo la herramienta, cambia el proceso de trabajo y, con él, muchas de las tareas que durante años dimos por supuestas.

Este libro como prueba real

Quizá recuerdes que en la introducción mencioné que este libro se había desarrollado utilizando IA. No me refiero a que la IA haya escrito algún capítulo o a que se haya limitado a corregir faltas. Todo el libro se ha construido siguiendo la lógica de que la IA forma parte central del proceso de trabajo. Vale la pena explicarlo con algo más de detalle, porque el propio libro sirve también como ejemplo del cambio en la forma de trabajar.

El impacto de la IA se entiende con facilidad cuando hablamos de tareas pequeñas. Organizar reuniones, revisar datos o preparar una conversación compleja entra dentro de lo imaginable. Sin embargo, el cambio se percibe con mucha más claridad cuando el proyecto es largo, exige coherencia conceptual y obliga a sostener una línea argumental durante cientos de páginas.

Escribir un libro, hasta hace poco, respondía a un esquema bastante reconocible. Definías una idea central, construías un índice provisional, investigabas, acumulabas notas y empezabas a redactar. El avance se medía en capítulos escritos y el trabajo consistía en producir texto y revisarlo después. Al final llegaba una última revisión general y el manuscrito quedaba terminado.

En este caso el proceso comenzó de otra manera.

Antes de escribir una sola línea fue necesario preparar el conocimiento que iba a sostener el proyecto. Tenía acumulado mucho material: dos años de correos de @Titonet Pills, mis libros anteriores, conferencias, presentaciones y muchas notas dispersas. Tener toda esa información no significaba que la herramienta pudiera trabajar con ella directamente.

Fue necesario revisar ese material, limpiarlo, eliminar redundancias, unificar conceptos y ordenar las ideas principales. Parte del trabajo consistió en traducir ese conocimiento a una forma que la IA pudiera recorrer sin perder coherencia.

También fue necesario establecer jerarquías entre las fuentes. No todos los documentos tenían el mismo peso. Algunos textos reflejaban mejor mi forma de pensar, mientras que otros contenían versiones más preliminares de ciertas ideas. Una parte importante del trabajo consistió en decidir qué materiales debían tener más autoridad cuando aparecían tensiones dentro del contenido.

Después apareció una fase que normalmente no forma parte visible del proceso de escritura. Revisé libros anteriores para entender cómo escribo realmente, observando el ritmo de los párrafos, el nivel de afirmación, la forma de introducir ejemplos y la manera en que suelo cerrar las ideas. Ese análisis terminó convertido en una guía que ayudaba a la IA a mantener una voz coherente a lo largo del libro.

También era importante evitar que el texto sonara artificial, por lo que dediqué tiempo a estudiar los patrones que aparecen con frecuencia en textos generados con IA. Para entender bien ese problema hice una búsqueda en profundidad, revisando ejemplos, comparando estructuras y observando cómo ciertas formas de construir los párrafos se repetían una y otra vez. En ese análisis aparecían estructuras demasiado simétricas, contrastes forzados o cierres excesivamente redondos, además del típico "no es X, es Y" y otras frases que suenan muy correctas, pero que en realidad aportan muy poco al argumento.

A partir de ahí comenzó la redacción. Para cada capítulo preparaba el contexto necesario: el índice, la documentación disponible, el estilo y las restricciones que había definido. Con ese marco la IA generaba una primera propuesta de texto alineada con la tesis general y con el objetivo del capítulo. Y así lo fui haciendo capítulo por capítulo.

Cuando el libro ya tenía un primer borrador completo, empezó el proceso de revisión. Pedía a la IA varias lecturas distintas. En una primera revisión comprobaba si cada fragmento ayudaba realmente a explicar la tesis general y si encajaba con el objetivo del capítulo y con la sección en la que aparecía. Después realizaba una revisión de estilo para asegurar que el tono se mantenía consistente y para detectar posibles fragmentos que sonaran demasiado generados por IA. Finalmente hacía una revisión desde la perspectiva de un editor profesional, buscando mejoras que permitieran elevar la calidad del texto.

Cuando el manuscrito estaba completo, el último paso lo hacía yo, escuchando todo el libro con calma y realizando ajustes finos en el ritmo, en la elección de algunas palabras o en la forma en que una frase terminaba de encajar dentro del párrafo. Algo parecido a esa última pincelada que termina de definir una obra pictórica.

En ese punto se hace visible el cambio en la forma de trabajar. En el modelo clásico, gran parte del esfuerzo se concentraba en escribir. En este caso, una parte importante del trabajo estuvo en preparar el conocimiento que hacía posible la escritura, ordenando materiales, priorizando fuentes y construyendo una base coherente sobre la que el libro pudiera sostenerse. La otra parte apareció en la revisión, contrastando cada capítulo con el conjunto hasta encontrar ese equilibrio que hace que una idea encaje dentro del libro.

Hasta ahora habíamos visto ejemplos de cómo utilizar la IA para resolver tareas puntuales. Este libro muestra otra posibilidad: cuando el proyecto es importante o cuando una tarea aparece de forma recurrente en tu trabajo, empieza a tener sentido construir sistemas que sostengan ese trabajo en el tiempo, sistemas que organizan el conocimiento, establecen criterios y permiten que cada nueva pieza mantenga coherencia con el conjunto.

También cambia la forma en que se distribuye el tiempo. Para escribir mi primer libro dediqué aproximadamente cuatro meses de trabajo continuo. En este caso el proceso fue distinto. Pasé cerca de una semana construyendo la arquitectura del proyecto, organizando el conocimiento y preparando el sistema que iba a sostener el libro. Una vez definida esa base, el manuscrito completo apareció en apenas dos días de trabajo intensivo y después he dedicado dos semanas a revisar, ajustar y afinar cada capítulo. En total, cuatro meses versus algo más de tres semanas.

Lo interesante es que ese trabajo inicial no desaparece cuando el libro termina. El sistema ya existe. A partir de ahora puedo reutilizarlo para desarrollar otros libros divulgativos de este estilo con un proceso mucho más claro.

Hay un último detalle que me gustaría subrayar y que ya lo dije al principio: este libro se ha escrito utilizando IA como parte del proceso de trabajo, pero, si en algún momento encuentras una incoherencia, una mala explicación o una idea poco clara, la responsabilidad es mía.

Sería absurdo culpar a Word por una mala revisión de un contrato. La herramienta te ayuda a escribir, a ordenar o a corregir, pero el criterio sigue siendo del profesional que firma el documento. Con la IA ocurre exactamente lo mismo.

La IA puede ayudarte a analizar, a redactar o a explorar alternativas con mucha más rapidez. Pero el resultado final depende del sistema que has construido y de las decisiones que tomas dentro de él.

Cuando cambia tu forma de trabajar

Si repasamos lo que hemos comentado en este capítulo, empiezan a verse algunos patrones. Al principio observamos un día normal trabajando con IA, sin nada especialmente futurista: preparar una reunión, ordenar información, analizar datos o aclarar una duda técnica mientras avanzas en un proyecto.

Después vimos que detrás de esas escenas cotidianas había algo más que una simple herramienta. La interacción era distinta y el trabajo empezaba a comportarse de otra manera. Las tareas se volvían más iterativas, más reversibles y mucho más dependientes del contexto que proporcionas.

Más adelante analizamos los ejemplos de las presentaciones y del libro. Ahí el desplazamiento se hacía todavía más visible, porque el esfuerzo ya no estaba únicamente en escribir, sino en preparar el conocimiento, ordenar las fuentes y construir el sistema que permitía mantener coherencia a lo largo de todo el proyecto.

Si juntas todas esas piezas, empieza a verse con bastante claridad dónde está realmente el cambio.

En muchos casos el primer movimiento es casi imperceptible. Tareas que antes resolvías directamente empiezan a formularse como encargos. Antes de escribir un correo defines qué debe contener y qué objetivo persigue. Antes de preparar un análisis describes el problema y el marco en el que debe resolverse. El trabajo deja de comenzar en la ejecución inmediata y pasa a empezar en la forma en que estructuras el encargo.

Al mismo tiempo cambia la relación con el proceso. La linealidad pierde peso y aparece una dinámica mucho más iterativa en la que formular, recibir una propuesta, corregir y reformular se convierte en parte natural del trabajo. La revisión deja de aparecer únicamente al final y pasa a acompañar todo el recorrido.

Con el tiempo aparece otro ajuste todavía más relevante: la herramienta empieza a ser realmente útil cuando entiende tu contexto y tu forma de trabajar. Eso implica construir una base de conocimiento coherente, aportar ejemplos propios y revisar cómo está interpretando tus instrucciones. La personalización deja de ser un detalle que has leído en un libro y pasa a formar parte del propio sistema de trabajo.

Cuando ese conjunto de cambios empieza a asentarse, el trabajo deja de girar únicamente alrededor de ejecutar tareas y empieza a apoyarse cada vez más en el sistema que has construido para hacerlas posibles.

En ese momento lo que realmente empieza a importar es el resultado que ese sistema es capaz de producir de forma repetida. Y ese resultado suele depender de dos cosas bastante concretas.

La primera es la **alineación**. Después de muchas interacciones, la herramienta empieza a entender mejor cómo trabajas tú, qué tipo de respuestas buscas y qué criterios utilizas para decidir si algo tiene sentido o no. Cuanto más alineado está el sistema contigo, menos esfuerzo necesitas para orientar cada conversación y menos tiempo dedicarás a la revisión.

La segunda es la **consistencia**. Cuando el contexto está bien organizado y el conocimiento se mantiene estable, las respuestas dejan de variar de forma imprevisible. El sistema empieza a comportarse de manera mucho más coherente porque se apoya siempre en el mismo marco.

Cuando alineación y consistencia aparecen al mismo tiempo, la herramienta deja de sentirse como algo externo y empieza a funcionar como una extensión bastante natural de tu propio proceso de trabajo.

En ese punto la herramienta deja de ocupar el centro de la conversación. Lo que realmente empieza a cambiar es la forma en que organizas el pensamiento mientras trabajas. Y ahí aparece el siguiente desplazamiento.

No es una herramienta, es una capacidad

En algún momento del proceso de adopción de la IA ocurre algo interesante. Al principio utilizas la IA como utilizarías cualquier otra herramienta digital. La empleas para resolver tareas concretas, redactar con mayor claridad, ordenar información o sintetizar documentos largos. La sensación inicial es simplemente de eficiencia porque todo parece avanzar con menos fricción.

Sin embargo, a medida que la utilizas con más frecuencia, empiezas a notar un cambio más profundo. La facilidad para generar primeras versiones modifica tu relación con las ideas. Ya no necesitas madurarlas durante días antes de desarrollarlas. Puedes desplegarlas en minutos, revisarlas, reorganizarlas y volver a empezar tantas veces como sea necesario.

Ese pequeño cambio altera la dinámica del trabajo. Empiezas a explorar más alternativas, a trabajar por iteraciones y a definir mejor el marco antes de entrar en el detalle. Lo que antes era un proceso más lineal empieza a convertirse en un proceso de conversación y ajuste continuo.

Con el tiempo esa dinámica deja de ser una técnica puntual y empieza a formar parte de tu manera habitual de trabajar. Primero utilizas la herramienta porque resulta útil. Después, casi sin darte cuenta, empiezas a pensar siguiendo la lógica que esa herramienta facilita.

Primero usas la herramienta y, con el tiempo, la herramienta te da forma a ti.

En ese punto el desplazamiento se vuelve evidente. La IA deja de sentirse como una aplicación externa y empieza a comportarse como una extensión de tu propio proceso de pensamiento.

Por eso llega un momento en el que deja de tener sentido verla solo como una herramienta. Se parece más a una capacidad que vas desarrollando con el uso. Una capacidad para ordenar el conocimiento, estructurar mejor los problemas y evaluar con más claridad si una respuesta realmente encaja con lo que estabas buscando.

Cuanto más trabajas de esta manera, menos depende el resultado de una interacción concreta y más depende del sistema que has construido alrededor de ella.

Y cuando eso ocurre, lo que realmente está evolucionando ya no es la herramienta, te está transformando a ti.

Resumen de ideas

Si miras el recorrido del capítulo, verás que el cambio no aparece en un único momento ni en una sola tarea. Surge en la forma en que interactúas con la IA a lo largo del día y en cómo ese tipo de interacción termina modificando tu manera de trabajar.

1. La IA empieza a integrarse en el trabajo cotidiano.

El cambio no aparece en situaciones extraordinarias. Surge en tareas habituales como preparar una reunión, analizar datos, ordenar información o pensar un problema en voz alta. Poco a poco la IA empieza a formar parte de esas decisiones que se repiten a lo largo del día.

2. El trabajo deja de avanzar en línea recta.

Trabajar con IA introduce una dinámica distinta. El proceso deja de avanzar de forma lineal y empieza a construirse a través de iteraciones. Formular una idea, recibir una propuesta, corregirla y reformularla se convierte en una forma habitual de avanzar.

3. El resultado depende del contexto que proporcionas.

La IA no responde en abstracto. Responde dentro del contexto que recibe. La información disponible, la forma en que planteas el problema y el conocimiento que compartes condicionan directamente el resultado.

4. Pasas de hacer tareas a pedir que se hagan.

Muchas actividades que antes resolvías ejecutando directamente empiezan a plantearse como encargos. En lugar de empezar escribiendo, analizando o preparando algo desde cero, describes qué necesitas y qué resultado esperas. El trabajo empieza cada vez más en la forma en que planteas el encargo.

5. Con el tiempo la IA deja de sentirse como una herramienta.

A medida que la utilizas con más frecuencia, la IA deja de percibirse como una aplicación externa. Empieza a integrarse en tu forma de pensar, de estructurar problemas y de organizar el trabajo. En ese punto funciona más como una capacidad que como una herramienta puntual.

Cap4.

El proceso de adaptación a la IA

CAPÍTULO 4.
EL PROCESO DE ADAPTACIÓN A LA IA

Entender la IA es relativamente fácil. Adaptarse a ella es otra cosa.

Hasta ahora hemos visto qué tipo de tecnología tenemos delante y por qué empieza a alterar nuestra relación con el conocimiento, la información y el trabajo intelectual. Comprender ese cambio es importante, pero entender lo que está ocurriendo no significa que la adaptación haya comenzado.

La adaptación empieza cuando la tecnología empieza a intervenir en tu trabajo cotidiano, modificando cómo organizas tu tiempo, cómo preparas tus tareas y cómo decides dónde concentrar tu atención.

En realidad, este proceso no es completamente nuevo. Como vimos en el capítulo 1, la adaptación a una tecnología sigue un recorrido bastante reconocible. Primero la entendemos, después empezamos a probarla en pequeñas cosas y con el tiempo termina cambiando la manera en que trabajamos.

La IA sigue esa misma lógica, aunque lo hace a una velocidad mayor y con un alcance más amplio en lo que permite hacer.

El proceso de adaptación tampoco suele ser tan visible como podría parecer desde fuera.

Ese movimiento rara vez es un acto consciente. No hay un momento en el que anuncias que vas a trabajar de otra manera. Lo que suele ocurrir es algo mucho más natural. Empiezas probando la herramienta en una tarea concreta. Tal vez la utilizas para preparar un documento, para ordenar información antes de un análisis o para explorar una primera estructura de ideas. Tu rol en el trabajo sigue siendo el mismo, pero la forma en que trabajas empieza a moverse.

Cuando esa práctica sobre las tareas se repite, el cambio deja de ser puntual y empieza a acumular efectos. Algunas tareas mejoran desde la primera versión, ciertos trabajos arrancan con más claridad y el avance se vuelve más fluido desde el inicio. No estás haciendo algo completamente distinto. Empiezas a trabajar con más soltura dentro de actividades que ya formaban parte de tu trabajo.

Con el tiempo empiezas a observar qué partes de tu actividad todavía necesitan tu intervención directa y cuáles pueden resolverse de otra manera sin que el resultado pierda sentido. Poco a poco tu atención se desplaza hacia decidir cómo quieres que se hagan las cosas y cómo revisar lo que se produce, mientras que algunas tareas de ejecución dejan de ocupar el mismo espacio que antes.

Si continúas avanzando, el ajuste deja de ser una suma de pequeñas mejoras y empieza a reorganizar tu forma de trabajar. Comienzas a pensar cómo quieres preparar la información, cómo revisar resultados o cómo incorporar esta tecnología en tareas que repites con frecuencia sin depender de improvisaciones. El foco deja de estar solo en ejecutar mejor una tarea concreta y pasa a estar en cómo se organiza tu trabajo en conjunto. Y, cuando lo tienes organizado, te dedicas a hacer cosas nuevas.

Todo este recorrido ocurre dentro del propio trabajo, el que haces cada día. Pero, claro, te preguntarás: “¿Y de dónde voy a sacar tiempo yo para todo esto?”.

Apartar horas para estudiar en paralelo puede parecer una solución ordenada, pero en la práctica resulta difícil cuando la agenda ya está llena y las responsabilidades no disminuyen. El acto de leer este libro seguro que ha supuesto un sobreesfuerzo para la agenda. Es por ello que, si esta tecnología va a formar parte de tu futuro profesional, integrarla en el propio trabajo suele ser una decisión más realista que intentar abordarla como una actividad adicional.

Aprender IA es parte de tu trabajo.

La adaptación depende menos de grandes decisiones declaradas y más de pequeños ajustes continuos sobre cómo utilizas tu tiempo y cómo vas reorganizando tu manera de trabajar.

En este capítulo haremos todo este recorrido. En inglés, a este proceso se lo llama de *upskilling*, *unskilling* y *reskilling*. Déjame que te lo explique.

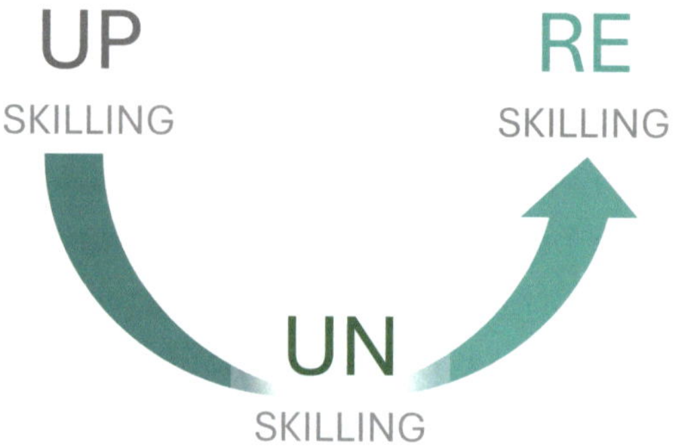

Upskilling. Haz con IA lo que ya haces

El *upskilling* comienza con un desplazamiento que parece menor, pero altera la forma en que entiendes tu propia actividad profesional. Implica dejar de describir tu trabajo como un cargo y empezar a observarlo como un conjunto organizado de tareas que se repiten, se combinan y evolucionan a lo largo del tiempo. La etiqueta del puesto aporta identidad, pero no explica cómo produces valor. Lo que realmente haces es preparar propuestas, analizar información, coordinar equipos, estructurar ideas, revisar entregables y tomar decisiones dentro de patrones que se repiten con variaciones.

Tu trabajo se puede descomponer en tareas

Tareas de tu trabajo

Propuestas	Clientes	Presupuestos
Equipo	Gestión	Estrategia

Otras tareas profesionales

Libros	Artículos	Conferencias
Cursos	Exploración	*Coach*

Tareas de *back office*

Agenda	*Taxes*	Facturas
Social Media	Q&A	*Networking*

Cuando descompones tu actividad en tareas concretas aparece una evidencia que hasta entonces estaba normalizada. Gran parte de tu trabajo sigue estructuras reconocibles. Informes que comparten esqueleto argumental. Proyectos que atraviesan fases similares. Reuniones que requieren preparaciones parecidas. Argumentos que reaparecen adaptados a distintos interlocutores. Esa repetición no empobrece tu práctica profesional, la hace previsible, y esa previsibilidad es precisamente lo que permite intervenir con intención.

El primer movimiento del *upskilling* consiste en identificar con precisión esas tareas recurrentes desde la práctica real y no desde la narrativa del rol. Observar qué haces cada semana, qué acciones absorben tu energía, qué parte exige criterio profundo y cuál responde a una lógica repetitiva que, aun requiriendo atención, mantiene una estructura similar. Esta claridad no es un ejercicio teórico. Es la condición necesaria para que cualquier mejora posterior tenga dirección.

A partir de ahí aparece una segunda capa que suele estar menos visible: el conocimiento que sostiene esas tareas. Cada actividad relevante se apoya en información previa, documentos, datos, presentaciones, marcos conceptuales que has ido construyendo con el tiempo. Sin embargo, ese conocimiento no siempre está organizado de forma coherente ni preparado para ser reutilizado con facilidad. Existe, pero vive disperso, fragmentado o apoyado en intuiciones que solo tú comprendes (o dices que comprendes).

Cuando decides ordenar ese conocimiento, el *upskilling* adquiere otra profundidad. La atención deja de centrarse exclusivamente en ejecutar mejor y se desplaza hacia la preparación del terreno que hace posible esa ejecución. Revisar archivos, unificar formatos, clarificar criterios implícitos y convertir intuiciones en referencias explícitas transforma la manera en que abordas cada tarea. El esfuerzo invertido en esa organización no siempre es visible desde fuera, pero modifica la consistencia del resultado.

Cuando tareas y conocimiento están alineados, el salto en el uso de la IA se nota de inmediato. La mejora deja de aparecer de forma aislada y empieza a sostenerse con mayor coherencia. El resultado no depende únicamente de la herramienta, sino de la claridad con la que has preparado las bases del trabajo. La IA deja de intervenir como apoyo ocasional y pasa a integrarse en un flujo que tú has pensado previamente.

El *upskilling*, entendido así, no consiste en hacer algo distinto, sino en hacer de forma distinta aquello que ya formaba parte de tu práctica profesional. Continúas moviéndote en ámbitos conocidos, pero con una estructura y una intención mayor que te permite idear con más orden, ejecutar con más precisión y mantener la calidad de manera sostenida.

Cómo desarrollar el *upskilling* en la práctica

Si esta forma de entender el *upskilling* te resulta razonable, la siguiente cuestión es cómo llevarla a tu propio trabajo sin volverte loco. El cambio no empieza cuando aprendes una función nueva de una herramienta, sino cuando empiezas a observar con más atención tu propia actividad cotidiana.

Una forma sencilla de comenzar consiste en mirar tu trabajo a partir de la dedicación que haces con el tiempo. Describir con cierto detalle un día habitual, y después ampliar la mirada a la semana o al mes, permite descubrir patrones que normalmente pasan desapercibidos. Al hacerlo empiezas a ver qué tareas reaparecen con frecuencia, dónde se concentra tu atención y qué partes del trabajo siguen una lógica bastante repetida.

Esa observación suele producir una primera fotografía. Algunas tareas exigen criterio profundo y experiencia acumulada. Otras, aun siendo importantes, siguen una estructura bastante similar cada vez que las realizas.

También puedes acercarte a este ejercicio desde otro ángulo. Revisar cómo estás utilizando ya la IA en tu trabajo. Cuando agrupas los chats que has utilizado por tipo de tarea, aparece un pequeño mapa de tu práctica profesional. Empiezas a ver dónde estás buscando apoyo con más frecuencia y en qué tipo de trabajos ya percibes margen de mejora.

Otra opción consiste en elegir un proyecto que repitas con cierta frecuencia y analizarlo con algo más de calma. Descomponerlo en todas sus fases, desde la preparación inicial hasta la revisión final, ayuda a entender cómo se distribuye realmente el esfuerzo.

En cualquiera de estos caminos el objetivo es el mismo. Comprender con mayor precisión qué haces realmente y poder incorporarlo a la IA.

A partir de ahí empiezan a aparecer pequeños ajustes. Tal vez ordenar mejor la información previa antes de iniciar una tarea. Tal vez clarificar los criterios con los que evalúas un resultado. Tal vez reunir referencias que siempre consultas, pero nunca has organizado en un mismo lugar.

Son cambios discretos, pero modifican la manera en que abordas cada proyecto.

El *upskilling* adquiere profundidad cuando esos ajustes dejan de ser experimentos aislados y empiezan a formar parte natural de tu forma de trabajar. La mejora ya no depende únicamente de una herramienta concreta, sino de la atención consciente que prestas a tus propios patrones de trabajo.

El momento *wow*

Cuando empiezas a aplicar este proceso en tu trabajo cotidiano aparece un momento que no olvidarás con facilidad. No suele ocurrir el primer día ni necesariamente en el primer intento. Llega cuando utilizas todo lo que acabamos de describir sobre una tarea que conoces bien.

Has identificado la tarea, has reunido el material que utilizas normalmente y lo has preparado para poder trabajar con él. Entonces pruebas. Y el resultado sorprende. Consigues con poco esfuerzo un gran resultado.

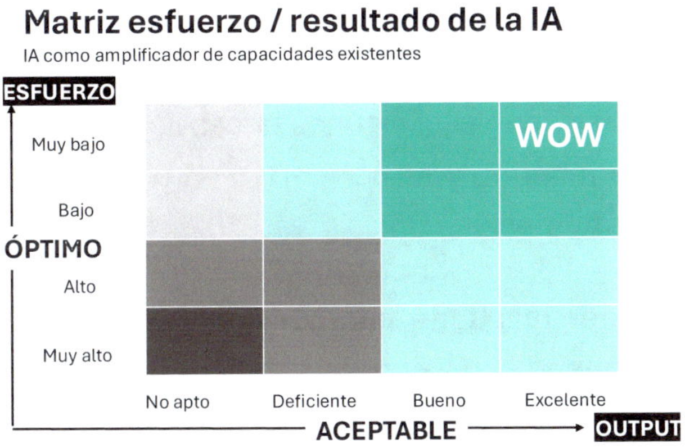

La tarea sigue siendo la misma de siempre, pero el recorrido cambia. Lo que antes implicaba empezar desde cero ahora parte de una base que ya está preparada. En lugar de construir todo paso a paso, empiezas revisando y ajustando una primera versión que aparece con bastante rapidez.

Ese momento produce una sensación muy concreta. Entiendes que no estás simplemente utilizando una herramienta nueva. Estás trabajando de otra manera.

A partir de ahí tu mirada sobre el trabajo cambia. Empiezas a reconocer que muchas tareas que dabas por fijas en realidad dependían más de la forma de abordarlas que de su propia dificultad.

Cuando organizas bien la información y utilizas la IA para trabajar con ella, algunas tareas dejan de ser un esfuerzo repetido y se convierten en procesos mucho más fluidos.

Ese primer resultado cambia también la relación que mantienes con tu propio trabajo. La IA deja de ser algo que pruebas de vez en cuando y empieza a formar parte natural de tu manera de trabajar.

Conviene mantener, sin embargo, una idea clara. Que una tarea salga con mayor rapidez o claridad no significa necesariamente que entiendas mejor el campo en el que trabajas. La herramienta puede ayudarte a producir más rápido, pero la comprensión profunda sigue dependiendo de tu experiencia y del tiempo que dedicas a pensar.

Cuando este tipo de resultado empieza a repetirse con cierta frecuencia, el foco vuelve a desplazarse. La pregunta ya no es solo cómo mejorar una tarea concreta. Empiezas a observar tu trabajo desde otra perspectiva y a preguntarte qué partes requieren realmente tu intervención directa y cuáles podrían resolverse de otra manera.

Ahí se prepara el terreno para el siguiente movimiento de la adaptación.

Unskilling. Delega hasta que duela

Después del momento *WOW* empiezas a mirar algunas tareas de otra manera. Si una tarea que realizas con frecuencia puede resolverse con IA, con un resultado igual de bueno o incluso mejor, es razonable preguntarse si tiene sentido seguir haciéndola exactamente de la misma forma.

La respuesta no es inmediata. Durante un tiempo conviven distintas maneras de trabajar. Algunas tareas empiezas a resolverlas con ayuda de la IA mientras otras siguen dependiendo completamente de tu intervención. Poco a poco vas viendo dónde el resultado funciona bien y dónde todavía prefieres mantener el control directo.

Cualquiera que haya tenido que delegar en alguien alguna tarea conoce bien la sensación. Cuando entregas una tarea a otra persona, siempre surge una pequeña resistencia interior. Sabes cómo debería quedar el resultado y muchas veces te parece más sencillo hacerlo tú mismo que explicarlo. Aun así, decides delegarlo porque entiendes que tu tiempo puede utilizarse mejor en otras cosas.

Con la IA ocurre algo parecido. Sabes que podrías seguir haciendo determinadas tareas tú mismo, pero empiezas a comprobar que el resultado es suficientemente bueno y que además te libera tiempo.

Eventualmente acabas entendiendo una frase que quedará grabada para siempre:

Delega hasta que duela.

Duele porque muchas de las tareas que empiezas a soltar han formado parte de tu identidad profesional durante años. Son cosas que aprendiste a hacer bien, que te daban sensación de control y que además eran visibles para los demás. Cuando decides dejar de hacerlas personalmente, no solo cambia tu agenda, también empieza a cambiar la relación que tienes con tu propio trabajo.

Imagina que subes a un coche autónomo por primera vez. Al principio observas con mucha atención lo que hace el sistema. Miras cómo reacciona, cómo frena, cómo toma decisiones en situaciones distintas. Solo cuando empiezas a confiar en el sistema eres capaz de soltar el volante.

Delegar con IA sigue una lógica parecida. No sueltas una tarea simplemente porque la tecnología exista. La sueltas cuando has visto cómo funciona, cuando entiendes sus límites y cuando sabes que puedes revisar el resultado.

En ese momento aparece otra pregunta más profunda: si algunas de las tareas que antes ocupaban buena parte de tu trabajo ya no dependen de ti de la misma manera, ¿cuál es tu aportación?

Unskilling como acto de definición

Soltar determinadas tareas no solo cambia la forma en que trabajas. También modifica la manera en que te defines profesionalmente.

Para explicarlo mejor, déjame volver al ejemplo de este libro que he escrito utilizando IA como parte del proceso de trabajo. En la práctica, eso significa que una parte de la escritura no depende únicamente de mí, sino de un sistema que me ayuda a desarrollar y revisar el texto.

Si mi identidad profesional estuviera completamente ligada a escribir, delegar parte de ese proceso me resultaría muy incómodo. Si mi definición profesional fuera la de *escritor*, en el sentido más clásico del término, aceptar que una parte de la escritura puede apoyarse en una máquina generaría una resistencia bastante fuerte. Sin embargo, en mi caso la situación es distinta.

Mi trabajo tiene más que ver con divulgar que con *escribir*, en el sentido artesanal de la palabra. Me interesa observar lo que está ocurriendo, experimentarlo en primera persona y después traducir esa experiencia para que otras personas puedan entenderla y aplicarla en su propio contexto.

Desde esa posición, trabajar con IA no entra en conflicto con mi identidad profesional. Al contrario, encaja bastante bien con ella. Me permite experimentar con nuevas formas de producir conocimiento y al mismo tiempo explicar qué está pasando mientras lo hago.

Pero si mi sueño fuera convertirme en escritor, probablemente la situación sería muy diferente. Delegar parte del proceso creativo en una máquina podría sentirse como una amenaza directa a esa identidad.

Cuando empiezas a soltar determinadas tareas, empiezas a ver algo con más claridad. Empiezas a identificar qué parte del trabajo te define realmente y qué parte simplemente formaba parte del proceso con el que habías aprendido a hacerlo.

La forma en que decides delegar empieza a revelar cómo entiendes tu trabajo.

Al principio, la mayoría de las personas delega tareas pequeñas, cosas periféricas que no afectan demasiado al resultado final: resumir un documento, preparar un primer borrador u ordenar información. Es una forma razonable de empezar porque el riesgo parece bajo.

Pero llega un momento en que la decisión se vuelve más delicada. Empiezas a plantearte si la IA puede intervenir en partes más importantes de tu trabajo. Procesos que influyen directamente en decisiones, en proyectos relevantes o en la forma en que produces tus resultados.

En ese momento te das cuenta de algo: aquello que decides delegar dice mucho sobre tu nivel de confianza en la tecnología. También dice mucho sobre cómo entiendes tu propia aportación.

Cuando tienes claro cuál es la parte del trabajo que realmente depende de ti, soltar algunas fases del proceso se vuelve mucho más natural.

Ahí muchas personas cruzan una frontera silenciosa.

La IA deja de ser un pequeño asistente que ayuda con tareas puntuales y empieza a formar parte del funcionamiento real de tu trabajo.

A medida que ese cambio ocurre también aparece una claridad nueva: empiezas a ver con más precisión qué parte del trabajo sigue dependiendo de tu experiencia y qué parte puede sostenerse dentro de un sistema que tú supervisas.

Practicar la delegación

Entender este cambio es importante, pero en algún momento hay que llevarlo a la práctica.

Delegar tareas a la IA funciona de una forma bastante parecida a delegar trabajo en una persona. Para que la delegación funcione necesitas explicar qué esperas, qué tipo de resultado buscas y qué cosas son importantes dentro del encargo.

Imagina algo tan cotidiano como tu correo electrónico.

Seguramente ya tienes algunas reglas en tu sistema de correo. Carpetas automáticas, filtros para separar *newsletters* o mensajes promocionales, alguna etiqueta para proyectos importantes. Probablemente lo configuraste en algún momento para que el caos fuese un poco más manejable.

Ahora imagina que empiezas a añadir algo más de lógica.

Cuando aparezca algo relacionado con presupuestos o decisiones económicas, avísame. Cuando el mensaje incluya algo urgente o alguien pida hablar conmigo, asegúrate de que lo vea rápido. Si se trata de información general que no requiere acción inmediata, puedes agruparlo y mostrármelo más tarde.

En ese momento el correo deja de ser simplemente un flujo de mensajes y empieza a funcionar como un sistema que entiende cómo priorizas tu atención.

Algo parecido ocurre cuando miras tu agenda.

En mi caso tengo bastante claro cuál sería una semana ideal. Aproximadamente un tercio del tiempo debería estar dedicado a proyectos y clientes. Otro tercio a reuniones y trabajo con equipos. Y el último tercio debería quedar reservado para pensar, reflexionar y desarrollar nuevas ideas.

Ese reparto no siempre se cumple, pero tenerlo claro me permite evaluar rápidamente cómo estoy utilizando en realidad mi tiempo.

Si alguien tuviera que organizar mi agenda siguiendo esos criterios, sabría cómo hacerlo: qué peso debe tener cada tipo de actividad, cuándo tiene sentido concentrar reuniones, cuándo conviene guardar tiempo para pensar.

Definir esas reglas obliga a poner palabras a algo que normalmente funciona de manera implícita.

Y ahí aparece una de las dificultades reales de la delegación. El reto no suele estar en confiar en el sistema, lo difícil es explicar con claridad qué reglas deberían guiar su comportamiento.

Cuando consigues hacerlo, el sistema empieza a trabajar contigo y al mismo tiempo tú empiezas a entender mejor cómo quieres trabajar realmente.

A partir de ahí empieza a aparecer el siguiente paso.

Reskilling. Amplía tu perímetro

Si el *upskilling* consiste en mejorar las tareas que ya forman parte de tu trabajo y el *unskilling* implica empezar a soltar algunas de ellas, el *reskilling* introduce otro movimiento dentro del proceso de adaptación. En este punto el cambio ya no pasa tanto por optimizar lo que haces ni por decidir qué partes del proceso puedes delegar. Empieza a aparecer algo distinto: incorporar capacidades que antes no formaban parte de tu manera de trabajar.

En su forma más simple, *reskilling* significa aprender cosas nuevas.

Durante mucho tiempo esa idea estaba asociada a estudiar una disciplina distinta o a adquirir una especialización adicional. Cuando el mercado evolucionaba, la respuesta habitual consistía en dedicar tiempo a dominar conocimientos técnicos que ampliaran el perfil profesional. Ese aprendizaje exigía recorrer un camino relativamente largo, porque el acceso a determinadas capacidades dependía de comprender herramientas complejas o lenguajes especializados.

La IA empieza a modificar esa relación con la tecnología.

Durante años, muchas herramientas digitales estaban separadas por una frontera bastante clara. Podías utilizarlas en tu trabajo cotidiano, pero no construirlas. Si querías desarrollar una aplicación, crear una automatización o diseñar una pequeña herramienta de *software*, necesitabas dominar ciertos conocimientos técnicos que quedaban fuera del alcance de la mayoría de profesionales.

Esa frontera empieza a moverse.

El cambio en la relación con la tecnología

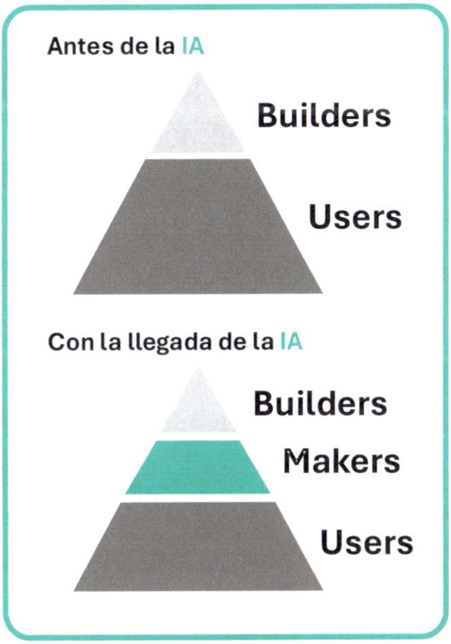

Hoy es posible apoyarse en sistemas capaces de traducir ideas en instrucciones técnicas. Eso no significa que cualquiera pueda desarrollar sistemas complejos ni sustituir la experiencia de un equipo especializado. Los proyectos sofisticados siguen requiriendo arquitectura, conocimiento profundo y una comprensión detallada de cómo funcionan los sistemas. Pero para muchos problemas cotidianos la barrera de entrada se ha reducido de forma considerable.

De repente se vuelve posible experimentar con soluciones que antes ni siquiera habrías considerado. Puedes construir pequeñas herramientas para organizar información, automatizar tareas repetitivas o resolver problemas muy concretos que aparecen en tu día a día profesional o personal.

Imagina algo tan sencillo como crear una pequeña aplicación para gestionar las tareas del hogar y repartir responsabilidades entre tus hijos. Hace algunos años ese proyecto habría requerido aprender a programar o depender de alguien que tuviera esos conocimientos. Hoy puedes describir el problema que quieres resolver, apoyarte en IA para generar una primera solución y ajustar el resultado hasta que la herramienta empieza a funcionar de una manera razonable.

No necesitas convertirte en programador para hacerlo. Lo que cambia es tu capacidad para apoyarte en la tecnología y utilizarla como una extensión de tu propia forma de trabajar.

En ese contexto el *reskilling* empieza a adquirir otro significado. Aprender ya no consiste únicamente en estudiar disciplinas nuevas, sino en descubrir cómo utilizar la IA para hacer cosas que antes estaban fuera de tu alcance.

Construcción de sistemas

Cuando empiezas a utilizar la IA para hacer cosas nuevas, aparece una habilidad que termina siendo más importante de lo que parece al principio. Muchas de las soluciones que empiezas a construir no dependen únicamente de una interacción puntual con la herramienta. Funcionan mejor cuando se organizan dentro de un sistema de trabajo que conecta información, instrucciones y procesos.

La lógica que hay detrás de estos sistemas es más simple de lo que podría parecer. Consiste en definir con claridad qué objetivo quieres conseguir, qué instrucciones guían el proceso, qué información necesita el sistema para trabajar con contexto suficiente y cómo se ejecuta y revisa el resultado.

Cuando estas piezas encajan, la IA deja de ser una herramienta aislada y empieza a formar parte de un flujo de trabajo que mantiene continuidad en el tiempo.

La misma lógica que se utiliza para escribir un libro apoyándose en IA es exactamente la misma que puede utilizar una marca para generar imágenes alineadas con su *brandbook* o para producir vídeos que mantengan siempre el mismo estilo visual. También es la misma estructura que puedes utilizar para crear una pequeña aplicación que ayude a organizar las tareas de tus hijos en casa o para diseñar un sistema que prepare informes periódicos dentro de una empresa.

En todos esos casos el funcionamiento responde a una estructura bastante parecida.

Primero defines el objetivo que quieres conseguir. Después estableces las instrucciones que guiarán el proceso. A continuación construyes una base de conocimiento suficientemente rica para que el sistema pueda trabajar con contexto. Finalmente organizas cómo se ejecuta el proceso y cómo revisas el resultado para comprobar que mantiene la calidad que buscas.

Cuando observas distintas aplicaciones de IA desde esta perspectiva, empiezas a ver un patrón claro. Aunque los usos puedan parecer muy diferentes entre sí, la arquitectura que los sostiene suele ser sorprendentemente parecida.

Por esa razón, una parte importante del *reskilling* que vamos a vivir en los próximos años tendrá menos que ver con aprender herramientas concretas y mucho más con desarrollar esta mirada de arquitectura de sistemas. Aprender a pensar en términos de objetivos, instrucciones, conocimiento disponible y procesos de ejecución y revisión se convertirá en una habilidad transversal que permitirá aprovechar mucho mejor las capacidades de la IA.

Cuando empiezas a ver el trabajo desde esta perspectiva, descubres que muchas de las tareas que realizas cada día pueden organizarse de otra manera. La cuestión deja de ser cómo utilizar una herramienta para resolver un problema puntual y pasa a ser cómo construir sistemas que permitan trabajar con continuidad y consistencia en el tiempo.

Ese cambio amplía de forma considerable lo que eres capaz de hacer dentro de tu propio campo profesional.

El segundo momento *wow*

Después de empezar a construir sistemas apoyados en IA, aparece una experiencia que recuerda al primer momento *wow*, aunque la sensación que provoca es distinta.

En el primer momento *wow*, el descubrimiento tenía que ver con el equilibrio entre esfuerzo y resultado. Realizabas una tarea habitual con apoyo de la IA y comprobabas que el resultado podía ser sorprendentemente bueno con una inversión de tiempo mucho menor. Ese contraste generaba una reacción inmediata. Era el momento en el que descubrías que ciertas tareas podían hacerse de otra manera.

En el segundo momento *wow*, en lugar de mejorar una tarea concreta, empiezas a comprobar que puedes construir algo que antes estaba fuera de tu alcance. Puede ser una pequeña herramienta para organizar información, un sistema que te ayude a preparar informes recurrentes o un proceso que combine varias fuentes de conocimiento para producir resultados de forma consistente.

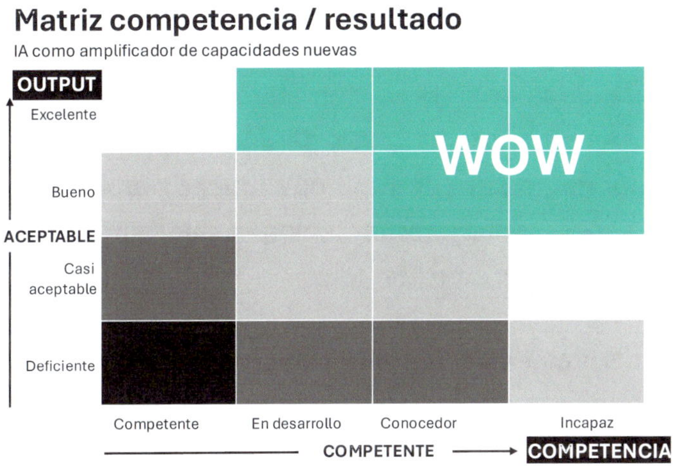

El resultado no suele ser perfecto ni compite con soluciones desarrolladas por equipos especializados, pero funciona lo suficientemente bien como para resolver un problema real dentro de tu trabajo.

En ese momento cambia ligeramente tu forma de mirar la tecnología.

Aquello que antes parecía reservado a perfiles técnicos empieza a percibirse como un territorio al que puedes acercarte. La frontera que separaba a quienes utilizaban herramientas de quienes podían construirlas deja de ser tan clara. La IA no elimina esa frontera por completo, pero la desplaza lo suficiente como para permitir que muchos profesionales experimenten con soluciones que antes ni siquiera habrían considerado.

La sorpresa deja de estar únicamente en obtener un buen resultado con menos esfuerzo. Empieza a aparecer cuando descubres que puedes construir algo nuevo combinando información, instrucciones y procesos que tú mismo has organizado.

Ese desplazamiento amplía tu margen de actuación. Empiezas a mirar tu propio trabajo con otra perspectiva y a preguntarte qué otros sistemas podrían ayudarte a resolver problemas que hasta ahora habías asumido como imposibles.

Con el tiempo también aprendes a mantener cierta prudencia frente a ese entusiasmo inicial. Obtener un resultado funcional no significa comprender en profundidad todos los aspectos técnicos del sistema que estás utilizando. La capacidad para construir soluciones puede crecer con rapidez mientras el conocimiento especializado sigue avanzando a otro ritmo.

Aprender a convivir con ese equilibrio forma parte de las nuevas fronteras que empiezas a construir alrededor de tu trabajo.

A medida que los sistemas empiezan a funcionar y ciertas tareas dejan de requerir tu intervención constante, la forma en que se distribuye tu tiempo también empieza a cambiar.

El tiempo no es la excusa

A lo largo de todo este proceso hay una objeción que aparece casi siempre cuando se habla de incorporar nuevas formas de trabajar: la falta de tiempo.

La agenda está llena, las responsabilidades no disminuyen y aprender algo nuevo parece exigir abrir un espacio adicional que rara vez aparece. Durante años esa explicación ha sido razonable. Incorporar una nueva herramienta o dominar una disciplina distinta implicaba dedicar horas a estudiar y practicar fuera del propio trabajo.

La IA cambia esa relación con el tiempo.

Cuando empiezas a trabajar con ella, el aprendizaje deja de ocurrir únicamente fuera del trabajo y empieza a integrarse dentro de él. Ajustar un sistema, probar una forma distinta de preparar una tarea o revisar un resultado se convierte en parte del propio proceso de trabajar.

Aprender deja de ser algo que ocurre en paralelo. Empieza a ocurrir mientras trabajas.

Aprender sobre IA es parte de tu trabajo.

Por supuesto, el hecho de que tengas este libro en tus manos y estés dedicando tiempo a leerlo significa que ya has dado un primer paso. Has decidido detenerte un momento para entender qué está cambiando y cómo puede afectar a tu manera de trabajar.

Pero el cambio real empieza después.

Una vez que entiendes el marco, lo que realmente transforma tu manera de trabajar es la práctica. Probar cuando una tarea podría hacerse de otra manera. Ajustar cuando algo no funciona. Volver a intentarlo cuando el resultado todavía no es el que esperabas.

La adaptación a la IA no ocurre cuando entiendes la tecnología, ocurre cuando empiezas a usarla cada día.

Resumen de ideas

A lo largo de este capítulo hemos visto que el cambio no aparece de golpe ni depende de una única decisión. Empieza en tareas pequeñas, cuando comienzas a probar la IA en tu trabajo cotidiano. Con el tiempo esa interacción modifica la forma en que organizas tu información, cómo ejecutas ciertas tareas y dónde decides concentrar tu atención. Poco a poco la manera de trabajar se reorganiza.

1. El proceso de adaptación.

La adaptación a una tecnología no ocurre cuando la entiendes, sino cuando empieza a intervenir en tu trabajo cotidiano. El cambio aparece cuando modifica cómo organizas tus tareas, tu tiempo y tu atención.

2. *Upskilling:* haz lo que ya haces.

El primer paso consiste en observar tu trabajo como un conjunto de tareas que se repiten. Cuando identificas esas tareas y organizas el conocimiento que las sostiene, puedes mejorar la forma en que trabajas sin cambiar todavía tu rol.

3. El momento *wow*.

Cuando aplicas la IA a una tarea que conoces bien, aparece un momento muy claro: el resultado mejora de forma inesperada con menos esfuerzo y cambia la forma en que empiezas a mirar tu propio trabajo.

4. *Unskilling:* delega hasta que duela.

A medida que algunas tareas pueden resolverse con ayuda de la IA, empieza el proceso de soltar parte de la ejecución. Delegar siempre genera cierta resistencia porque muchas de esas tareas han formado parte de tu identidad profesional.

5. *Reskilling:* amplía tu perímetro.

El siguiente movimiento consiste en aprender a hacer cosas nuevas apoyándote en la IA. Empiezas a construir soluciones que antes estaban fuera de tu alcance.

6. Construcción de sistemas.

Muchas aplicaciones de la IA funcionan mejor cuando se organizan como sistemas. Definir objetivos, instrucciones, conocimientos y procesos de revisión permite trabajar con continuidad y consistencia.

7. Aprender sobre IA es parte de tu trabajo.

El aprendizaje deja de ocurrir fuera del trabajo y empieza a integrarse dentro de él. Ajustar sistemas, probar nuevas formas de trabajar y revisar resultados se convierte en parte natural de la práctica profesional.

Cap5.

La IA en tu empresa

CAPÍTULO 5.
LA IA EN TU EMPRESA

Y en tu empresa, ¿qué tal llevas la IA?

Hasta ahora hemos hablado de tu forma de trabajar y de cómo cambia cuando empiezas a utilizar IA en tu día a día. Hemos visto que el ajuste no pasa solo por aprender a manejar una herramienta nueva. También implica revisar cómo organizas el trabajo, cómo priorizas y cómo vas construyendo una forma distinta de trabajar. Sin embargo, la mayoría no trabajamos solos. Lo hacemos dentro de empresas que ya tienen una forma de funcionar, una distribución de responsabilidades y una dinámica propia de trabajo.

En este apartado no pretendo hacer una hoja de ruta de lo que tiene que hacer cada empresa para incorporar la IA. Pero sí voy a señalar algunos elementos que considero críticos, sin los cuales el proceso de adopción sería muy difícil.

Cuando la IA entra en una empresa, lo hace dentro de ese sistema previo. Llega a un entorno donde existen hábitos asentados, procesos que llevan años repitiéndose, información sensible que debe protegerse y equipos que necesitan coordinarse sin detener la actividad. Una persona puede probar una herramienta nueva y modificar su método con relativa rapidez. En cambio, una organización necesita incorporar cualquier novedad dentro de una estructura que ya estaba en marcha antes de que apareciera esta tecnología.

Por eso, dentro de una misma empresa, la IA no se vive de una sola manera. Aunque todos utilicen el mismo término en reuniones y presentaciones, cada área la interpreta desde el lugar que ocupa dentro de la organización. El equipo técnico observa la herramienta, sus límites y su encaje con los sistemas existentes. El área legal piensa en confidencialidad, riesgos y uso adecuado de la información. *Marketing* imagina nuevas formas de producir o personalizar contenido. Dirección intenta entender si todo eso tendrá un impacto real en el negocio y cuál es la inversión adecuada. Todos utilizan la misma palabra, pero en realidad están mirando el fenómeno desde ángulos distintos.

¿De qué hablas cuando hablas de IA?

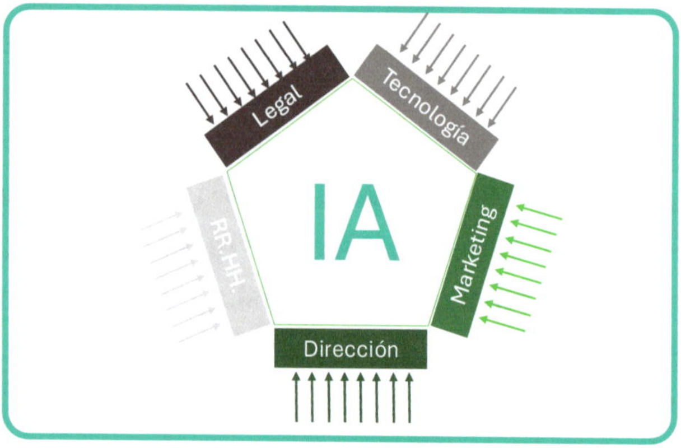

Imagina una reunión en la que se plantea utilizar una herramienta generativa para preparar propuestas comerciales. Ventas ve la posibilidad de responder antes y con más variantes. Tecnología se pregunta cómo se conectará con el *software* que ya utiliza la empresa. Legal quiere evitar que se introduzcan datos sensibles sin control. Dirección analiza el coste, el impacto potencial y si tiene sentido escalar algo así dentro de la organización.

Todos hablan de IA, pero cada uno está mirando una cosa distinta. La conversación parece confusa, pero en realidad solo refleja que cada área mira la misma tecnología desde responsabilidades diferentes.

A esa diversidad funcional se le suma la relación personal que cada uno mantiene con la tecnología.

Hoy muchas personas experimentan con herramientas digitales fuera de la empresa antes de utilizarlas dentro. Prueban aplicaciones en casa, leen artículos, ven demostraciones o utilizan versiones gratuitas por curiosidad. En algunos casos incluso trabajan con sistemas más avanzados en su entorno personal que en el corporativo. Es una situación bastante habitual dentro de muchas organizaciones. Algunas personas ya han probado estas herramientas y empiezan a intuir lo que pueden hacer con ellas. Otras solo conocen lo que han escuchado en reuniones o en titulares de redes sociales o de los medios.

Por eso, cuando la IA aparece en la conversación corporativa, también surgen narrativas muy distintas sobre lo que significa. En algunos equipos se presenta como una promesa de productividad casi ilimitada. En otros se asocia rápidamente a la automatización del trabajo o a la desaparición de determinados puestos. No es extraño escuchar comentarios como que utilizar estas herramientas terminará sirviendo para reducir equipos, que en el fondo todo esto consiste en que la empresa quiere ganar más dinero con menos personas o que quienes adopten la tecnología antes acabarán siendo sustituidos por ella.

También circulan interpretaciones más cotidianas, a veces incluso irónicas. Hay quien sospecha que la dirección impulsa la IA únicamente para recortar costes. Otros comentan que las mejores herramientas se quedan en los despachos de arriba mientras al resto se le pide que innove con versiones gratuitas. Incluso hay equipos que interpretan la IA como otra moda tecnológica que desaparecerá cuando llegue la siguiente.

Todo ese conjunto de comentarios, sospechas y expectativas genera un ruido que ayuda poco a entender lo que realmente está ocurriendo. Antes de que una organización tenga experiencia real con estas herramientas, ya circulan dentro de la empresa todo tipo de historias sobre lo que supuestamente van a cambiar.

Como hemos comentado en capítulos anteriores, muchas de esas conversaciones no hablan realmente de la tecnología, sino de cómo cada persona interpreta su propio futuro dentro de la organización. La IA funciona entonces como un espejo que refleja expectativas, temores y aspiraciones profesionales.

Entender este punto de partida permite situar mejor el resto del capítulo. La IA no entra en una empresa como una novedad neutra que todos interpretan igual. Llega a una organización con historia, inercias y distintas formas de entender el trabajo. Antes de hablar de adopción o de impacto conviene mirar ese terreno complejo, ya que se compone de personas y de inercias. A partir de aquí podemos observar distintas formas de abordar la incorporación de la IA dentro de una empresa.

Hacia dónde enfocas la IA

En muchas empresas la conversación sobre IA empieza con un patrón bastante común. En algún momento aparece en una reunión de dirección la idea de que la IA es una prioridad y que todo el mundo debería empezar a utilizarla. A partir de ahí se comparten herramientas, aparecen demostraciones y se invita a los equipos a experimentar.

Ese momento suele abrir dos formas de abordar la adopción.

La primera empieza por la tecnología. La empresa decide incorporar IA y confía en que, una vez dentro, ya aparecerán aplicaciones útiles. Se compran licencias, se anima a probar herramientas y se repite una expresión muy habitual en este tipo de procesos: "Hay que explorar casos de uso".

Durante un tiempo ese enfoque genera movimiento. Surgen ejemplos interesantes y pequeñas pruebas. El problema es que explorar no es lo mismo que adoptar. Identificar dónde tiene sentido aplicar la tecnología, parametrizar su uso, construir sistemas de trabajo y distribuirlos dentro de la organización es un trabajo exigente. Una vez construido el sistema, se puede presentar y comunicar, pero de ahí a que las personas a las que les afecta lo recuerden, lo usen y le saquen provecho es otra historia. Una suma de casos de uso rara vez cambia una empresa.

La segunda forma de abordar la tecnología empieza desde una pregunta mucho más simple que se resume en el famoso índice PQS. Lo conoces, ¿verdad?

PQS = para qué sirve

El PQS es un filtro bastante práctico. Puede parecer una pregunta demasiado simple, pero tiene un efecto curioso. Obliga a aterrizar la conversación. Muchas iniciativas que suenan interesantes en una presentación empiezan a perder fuerza cuando alguien intenta responder con claridad para qué sirven dentro del trabajo real de la empresa. No porque la tecnología no funcione, sino porque no resuelve nada que realmente importe.

Cuando una organización no tiene claro para qué puede ayudar la IA dentro de su trabajo real, muchas iniciativas terminan diluyéndose entre pruebas y poco impacto. Hablamos mucho, damos vueltas a las cosas, pero al final —en el mundo de la empresa— si no se ve una utilidad cercana, las cosas se abandonan.

En cambio, cuando la herramienta se conecta con un problema real de la empresa, la prioridad aparece automáticamente. No tiene que ver con la herramienta elegida ni con el número de licencias. Tiene que ver con hacia dónde se dirige la energía de la empresa.

En general, las empresas tienen dos tipos de retos: internos y externos. Los internos tienen que ver con la organización, la forma de trabajo o las personas. Los externos tienen que ver con los clientes, canales o productos y servicios que sacas al mercado. La forma más sencilla de entender hacia dónde mira la empresa la podríamos llamar "el efecto lotería". Imagina que mañana a tu empresa le tocan veinte millones de euros. ¿Hacia dónde iría el dinero? A abrir más mercados, más clientes o a mejorar las herramientas, procesos y equipo. La forma de distribuir la lotería nos podría indicar claramente la orientación de los retos de la empresa. Allí donde pondrías la lotería es donde te podría ayudar la IA con mejores resultados.

La IA puede utilizarse para mejorar el funcionamiento interno o puede orientarse hacia aquello que el cliente percibe y valora.

El primer movimiento suele mirar hacia dentro. Es lógico porque depende directamente de la organización. Preparar propuestas comerciales con más rapidez, acceder a información dispersa, sintetizar reuniones largas o reducir tareas repetitivas son mejoras que aparecen con relativa facilidad.

Estas mejoras cambian el día a día. El trabajo se vuelve más ágil y algunas tareas que antes ocupaban horas pueden resolverse en minutos. Muchas empresas necesitan precisamente eso: ordenar la casa.

El límite aparece cuando la mejora se queda dentro. Una empresa puede volverse más rápida por dentro y seguir ocupando exactamente el mismo lugar en el mercado. El cliente no siempre percibe que los procesos internos se han optimizado si la propuesta que recibe es la misma que ayer.

La aceleración también introduce una ilusión de avance. Se producen más informes, más análisis y más propuestas. Pero el impacto real depende de si ese movimiento modifica aquello que sostiene los ingresos, el margen o la relación con el cliente.

Cuando el trabajo que se acelera apenas influye en esas variables, la empresa mejora su eficiencia operativa sin cambiar su posición competitiva. La diferencia entre actividad y resultado empieza a hacerse más visible. En la práctica, pocas empresas transforman su posición en el mercado únicamente optimizando su funcionamiento interno.

La segunda dirección hacia la que podemos orientar la IA en una empresa aparece cuando la mirada se dirige hacia fuera. En ese momento la IA empieza a formar parte de la experiencia del cliente. Puede intervenir en cómo se personaliza un servicio, en cómo se responde a una consulta con mayor contexto o en cómo se adapta un producto al uso real de cada usuario.

Aquí la tecnología deja de ser solo una ayuda interna y pasa a formar parte de la propuesta que la empresa ofrece al mercado. La IA puede convertirse en una nueva capa de productos y servicios capaces de personalizarse a escala y mejorar la propuesta de valor hacia los clientes. La IA hacia el mercado te puede ayudar a revisar la propuesta de valor, aquello por lo que los clientes pagan. Te pude permitir mejorar lo que el mercado conoce de ti o tener una mejor atención a los clientes.

Cuando los clientes pagan por esos nuevos servicios, cuando resuelves problemas del mercado, es mucho más fácil medir el impacto de esta tecnología en la empresa.

Independientemente de la orientación que elija la empresa, hay otro factor que en muchos casos permanece invisible, pero que me interesa mencionar.

Cuando una empresa empieza a trabajar con IA antes que su entorno, acumula experiencia muy rápido. Prueba herramientas, entiende límites, descubre dónde funciona y dónde no. Ese aprendizaje al principio solo sirve para ordenar el trabajo interno, pero con el tiempo puede convertirse en algo más valioso. Cuando los clientes empiezan a hacerse preguntas sobre la tecnología, la empresa ya ha recorrido parte del camino.

Cuando una organización acumula práctica real con estas herramientas, puede ayudar también a sus clientes a entender qué significa esta transición. Esa conversación va a producirse en todos los sectores.

Si un cliente percibe que ya has recorrido el camino de la IA antes y que puedes orientarle con experiencia, la relación cambia. La empresa puede ocupar un lugar de referencia y posicionarse como "los que saben de IA", esto es una oportunidad enorme cuando todas las empresas van a tener que transitar este camino.

El último elemento que nos ayuda a entender mejor la prioridad de la empresa es ser capaces de responder a la pregunta: ¿A qué vas a renunciar para poder invertir en IA?

Sí, esto de la IA no va de unas licencias de Microsoft o de Google para que la gente trabaje. Lo dijimos al principio. Todo el *software* que tienes va a ser revisado. Todo. El ERP, el CRM, el sistema de operaciones. Todo. Da igual cuánto dinero has puesto hasta ahora. Vas a tener que abrir una partida de tecnología para no quedarte atrás.

Y eso casi siempre implica mover recursos de algún sitio. Algunas empresas retrasarán proyectos, otras revisarán proveedores, otras reorganizarán equipos o recortarán inversiones que parecían intocables. Incorporar IA de forma real no suele consistir en añadir una herramienta más. Normalmente obliga a decidir qué cosas dejan de ser prioritarias.

Así que otra forma de ver y de intuir la orientación de la empresa es el lugar donde se van a recortar costes para invertir en tecnología.

La IA introduce una capacidad adicional dentro de la organización. Como hemos visto en los capítulos anteriores, esto no va de productividad. Es un cambio enorme en como trabajamos y en las oportunidades que suponen para crear productos y servicios. La forma en que se decide utilizar esa capacidad revela dónde cree la empresa que está su oportunidad principal.

La dirección que se elija suele decir bastante sobre el futuro que la empresa está intentando construir.

La gestión del cambio de la IA

Cuando una empresa identifica hacia dónde quiere orientar la IA, aparece otra cuestión que conviene anticipar. Tiene que ver con cómo reaccionará la organización cuando esa tecnología empiece a modificar su forma de trabajar.

Introducir IA dentro de una empresa implica gestionar un proceso de cambio. Después de todo lo que hemos visto hasta ahora, hay algo que empieza a quedar bastante claro: la forma de trabajar va a modificarse a partir de la llegada de esta tecnología y ese movimiento afecta tanto a las tareas cotidianas como a la manera en que las personas acceden a la información, organizan su conocimiento y toman decisiones.

Cada profesional empieza a recorrer ese camino de una forma distinta. Algunos experimentan desde el principio y buscan entender cómo integrar las herramientas en su método de trabajo. Otros prefieren observar primero lo que ocurre a su alrededor antes de modificar sus hábitos. También aparecen perfiles que miran la tecnología con cautela y necesitan comprobar durante un tiempo si realmente aporta algo útil en su contexto.

Mientras ese proceso ocurre a nivel individual, es bueno señalar que el escenario cambia cuando ese mismo proceso empieza a producirse dentro de un equipo o de una organización completa. Cuando empieza el cambio en la empresa, aparecen reacciones distintas que se influyen unas a otras y empiezan a dar forma al comportamiento colectivo de la empresa.

Ese conjunto de reacciones es lo que habitualmente se estudia dentro de la gestión del cambio. Cuando se observan distintos procesos de transformación organizativa empiezan a repetirse ciertos patrones. Las empresas reaccionan según su cultura previa, su historia y la forma en que acostumbran a tomar decisiones.

Las organizaciones reciben cualquier tecnología nueva dentro de un sistema que ya está funcionando. Ese sistema está formado por hábitos, relaciones internas y una manera concreta de interpretar el riesgo y la oportunidad que trae cada cambio.

Si miras distintos procesos de transformación que han vivido muchas empresas, empiezan a aparecer comportamientos bastante reconocibles. Con el tiempo es posible identificar algunos arquetipos de reacción frente al cambio.

Arquetipos de empresas

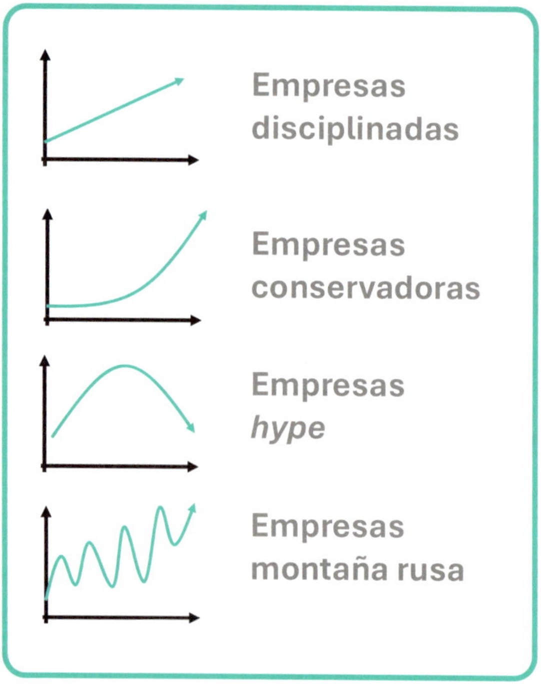

Hay empresas disciplinadas. Son organizaciones que ejecutan con bastante coherencia aquello que deciden. Cuando la dirección establece una prioridad, el movimiento termina atravesando la organización y acaba reflejándose en procesos, herramientas y formas de trabajo. El avance puede requerir tiempo, pero existe una continuidad clara entre lo que se anuncia y lo que finalmente se pone en marcha dentro de la empresa.

Hay empresas conservadoras. Son organizaciones que necesitan recorrer el proceso con mayor calma. Las decisiones se analizan desde distintos ángulos y el avance se produce a medida que las personas comprenden cómo encaja la transformación dentro de su trabajo cotidiano. Desde fuera puede parecer lentitud, aunque muchas veces responde a una forma de proteger la estabilidad del sistema y evitar cambios que podrían desordenar la organización.

Hay empresas *hype*. Son organizaciones donde el entusiasmo aparece con rapidez. El discurso es ambicioso, surgen múltiples iniciativas y la energía inicial es alta. Con el paso del tiempo la intensidad suele reducirse, aparecen otras prioridades y parte de las iniciativas quedan a medio camino. La intención de cambio está presente, pero la continuidad necesaria para sostenerlo resulta más difícil de mantener.

Por último, **hay empresas montaña rusa**. En estos contextos el movimiento se produce por impulsos. La empresa reacciona con fuerza ante una oportunidad visible o ante una amenaza que aparece en el entorno, concentra recursos durante un periodo relativamente corto y después vuelve a una cierta estabilidad. La energía aparece en oleadas que responden a momentos concretos más que a procesos sostenidos en el tiempo.

Este tipo de reacciones tiene mucho que ver con la forma en que las organizaciones gestionan tres colectivos que suelen aparecer cuando llega cualquier cambio.

Dentro de los equipos suele surgir un grupo reducido de personas que experimenta desde el principio y empieza a explorar cómo puede integrarse la tecnología en su trabajo. Son los impulsores. Aproximadamente un quince por ciento de las personas suele abrazar el cambio con bastante naturalidad. Otro grupo, que puede acercarse a un tercio de la organización, mantiene una actitud de resistencia o escepticismo. Son los *trolls*.

Entre ambos extremos se sitúa la mayoría. Son los "depende". Este grupo intermedio observa lo que ocurre a su alrededor, analiza las señales que recibe del entorno y termina inclinándose hacia una posición u otra según el contexto que la empresa construya alrededor del cambio y según lo que perciba como más conveniente en su situación.

Por ese motivo, la cuestión relevante no tiene que ver únicamente con cuántas personas empiezan a experimentar desde el principio, sino con la capacidad que tienen para influir en el resto del sistema y con las condiciones que la organización crea para que esas primeras pruebas se conviertan con el tiempo en prácticas compartidas.

Estamos hablando de gestión del cambio, y en este terreno cada detalle cuenta, incluida la selección de herramientas de IA. Siempre me ha gustado pensar que el *software* de una empresa también construye su cultura y que elegir determinadas herramientas es una forma de gestionar el cambio.

Conviene recordar algo que planteamos al principio del libro. La IA sigue siendo *software*. Un *software* nuevo y muy potente, pero *software* al fin y al cabo.

La forma en que una empresa decide introducirlo, distribuirlo y utilizarlo termina influyendo en cómo se organiza el trabajo y en el nivel de autonomía que tienen las personas.

Muchas decisiones técnicas envían mensajes muy claros dentro de la organización. Cuando las herramientas más potentes están disponibles solo para unos pocos perfiles, el mensaje implícito resulta distinto al de una empresa que abre el acceso y acompaña el aprendizaje de manera más amplia. Cuando las licencias de pago se concentran en determinados departamentos mientras el resto trabaja con versiones limitadas, también se está comunicando una jerarquía en la adopción de la tecnología.

El reparto de licencias no puede gestionarse como si fueran plazas de aparcamiento, espacios de trabajo o despachos dentro de la empresa. En un proceso de cambio la distribución de herramientas también es una palanca que determina quién aprende primero y quién queda al margen.

Incluso la decisión de prohibir determinadas herramientas transmite una postura frente al cambio. En algunos casos responde a preocupaciones relacionadas con la seguridad o con la confidencialidad de la información, aunque al mismo tiempo influye en cómo las personas interpretan la dirección que está tomando la empresa.

Las herramientas que se permiten, las que se restringen y las condiciones en que se utilizan forman parte del propio proceso de adaptación. A través de ellas la organización deja ver hasta qué punto está dispuesta a modificar su forma de trabajar o si prefiere mantener el equilibrio actual mientras observa cómo evoluciona el entorno.

Uno de los factores más determinantes para que el cambio tenga éxito consiste en identificar a los impulsores, ese quince por ciento de personas que empieza a experimentar antes que el resto y prueba cómo encajar la herramienta dentro de su trabajo. Detectarlos, permitir que exploren con la tecnología y crear las condiciones para que compartan lo que descubren con el resto de la organización suele marcar la diferencia en la adopción del cambio en muchas empresas.

Poco a poco aparecen referencias internas que muestran qué funciona y qué no dentro de la organización. Cuando esas referencias se convierten en prácticas compartidas, la tecnología empieza a adaptarse de manera más estable en la forma de trabajar del equipo. Lo que en un primer momento parecía una experimentación individual termina convirtiéndose en parte de la forma de trabajo de la empresa.

Este proceso rara vez tiene que ver con la jerarquía o con el estatus dentro del organigrama. Tiene mucho más que ver con entender cómo se distribuye la influencia real dentro de la organización y utilizar esa distribución como herramienta para gestionar el cambio.

Por ese motivo, la adopción rara vez depende únicamente de la herramienta o del entusiasmo inicial que pueda generar una tecnología nueva. El verdadero cambio aparece cuando la organización consigue transformar experimentos aislados en prácticas compartidas capaces de mantenerse en el tiempo.

Evidencias de que la IA entra en tu empresa

Muchas empresas creen que están adoptando IA porque han invertido en herramientas. Sin embargo, la adopción real no se reconoce en las licencias que pagas, sino en lo que empieza a cambiar dentro de la organización.

Con el tiempo, ese cambio termina apareciendo en tres lugares bastante claros. En las personas, en el *software* y en el conocimiento que la empresa es capaz de organizar.

A partir de ahí la pregunta deja de ser si una empresa habla mucho de IA y pasa a ser otra bastante más concreta. Dónde empieza a notarse de verdad.

Una empresa puede organizar sesiones internas, presentar planes ambiciosos o repartir herramientas entre los equipos. Todo eso forma parte del proceso. Pero el verdadero indicador de adopción aparece cuando la tecnología empieza a modificar el funcionamiento cotidiano de la empresa.

El primer lugar donde ese cambio se vuelve visible son las personas.

A lo largo de los capítulos anteriores ha ido apareciendo una idea que conviene recordar aquí porque tiene bastante importancia. Este tipo de *software* es profundamente personal. Aprender a utilizarlo, personalizarlo y construir sistemas de trabajo alrededor de él depende en gran medida de cada profesional.

No estamos ante una herramienta que se utilice exactamente igual en todas partes. Cada persona acaba desarrollando su propia forma de interactuar con ella, sus propios hábitos y su propio sistema de trabajo. Por ese motivo, dentro de cualquier organización, empiezan a aparecer niveles muy distintos de relación con la IA.

Hay profesionales que apenas han probado estas herramientas de manera real. Conocen la conversación general, han visto demostraciones o han oído hablar de sus posibilidades, pero todavía no las han incorporado en su trabajo cotidiano. Para ellos la IA sigue siendo algo externo a su forma habitual de trabajar.

Otros empiezan a experimentar con ella de manera puntual. La utilizan para redactar un texto, resumir un documento o preparar algún análisis rápido. Han comprobado que funciona y empiezan a confiar en la herramienta, aunque su uso todavía no forma parte de su sistema habitual de trabajo.

Más adelante aparece un grupo que empieza a incorporarla en tareas frecuentes. Utiliza la IA para estructurar información, analizar datos, preparar propuestas o revisar documentos con mayor profundidad. En ese momento la herramienta deja de ser un apoyo ocasional y empieza a integrarse en la forma de trabajar.

Finalmente, aparece un grupo más reducido que da un paso más. No solo utiliza la herramienta, sino que empieza a construir pequeños sistemas alrededor de ella. Automatiza partes de su trabajo, conecta herramientas, diseña flujos de interacción y desarrolla una manera bastante personal de trabajar con IA. En ese punto la herramienta deja de ser un asistente puntual y empieza a convertirse en una extensión del propio método de trabajo.

Para entender cómo la IA entra en una empresa solo hace falta ver en qué nivel están las personas que trabajan en ella. La adopción no aparece de golpe, sino que se reconoce en cómo las personas van pasando de una fase a otra y en cómo empieza a crecer el número de profesionales que construyen sistemas propios de trabajo alrededor de estas herramientas. Hoy ese grupo sigue siendo reducido en muchas organizaciones, pero su presencia empieza a marcar el pulso de cómo evoluciona la adopción dentro de la empresa.

Cuando ese cambio empieza a consolidarse en la forma de trabajar de las personas, termina afectando también a los sistemas que utilizan.

Pensar que la IA tiene que ver únicamente con herramientas de productividad o con *software* ofimático es una mirada bastante limitada. En realidad, el impacto es mucho más amplio porque acaba afectando al conjunto del *software* que utiliza la empresa.

Durante años la relación con los sistemas dentro de las organizaciones ha seguido un patrón bastante estable. El profesional navega por menús, consulta campos concretos, rellena formularios y sigue procedimientos relativamente rígidos para poder operar dentro de cada sistema.

La aparición de la IA empieza a alterar esa forma de interactuar con el *software* porque introduce una manera distinta de trabajar con los sistemas. En lugar de recorrer pantallas paso a paso, las personas empiezan a formular instrucciones mucho más directas. Preparar una factura para un cliente, revisar un contrato, analizar un conjunto de datos o preparar una propuesta comercial deja de ser un recorrido por distintos formularios y empieza a convertirse en una conversación con el sistema.

Ese cambio no afecta únicamente a una herramienta concreta. Con el tiempo termina extendiéndose al conjunto del *software* de la organización. Los sistemas de gestión, las herramientas de análisis, las plataformas de operaciones o los sistemas de atención al cliente empiezan a incorporar esa capa conversacional y esa capacidad de operar directamente sobre los datos.

En los próximos años una gran parte del *software* empresarial va a ser revisado bajo esta perspectiva. Los sistemas dejarán de ser interfaces rígidas basadas en formularios y empezarán a funcionar como entornos capaces de entender instrucciones y operar directamente con la información de la empresa.

Cualquier sistema que no incorpore esa evolución empezará a parecer antiguo, de la misma manera que hoy algunas organizaciones todavía mantienen aplicaciones heredadas que recuerdan a aquellas pantallas negras con letras verdes que siguen funcionando porque en algún momento fueron críticas para la operación.

A medida que los sistemas empiezan a incorporar IA aparece una necesidad adicional que muchas organizaciones todavía están empezando a descubrir. El conocimiento de la empresa deja de ser un archivo pasivo y empieza a convertirse en una parte esencial del sistema de trabajo.

Existe una idea bastante extendida según la cual basta con conectar una IA a los datos de la empresa para que empiece a funcionar de manera eficaz. En la práctica la situación suele ser bastante más compleja.

La IA no trabaja únicamente con datos o con documentos aislados. Necesita conocimiento organizado. Necesita entender cómo se relaciona la información para poder operar con contexto.

En muchas organizaciones el conocimiento relevante está repartido en diferentes lugares. Parte se encuentra en documentos, parte en presentaciones antiguas, parte en correos electrónicos y una parte importante permanece en la experiencia acumulada de las personas que trabajan dentro de la empresa.

Mientras la interacción con la información dependía de navegar por sistemas aislados, esa fragmentación podía mantenerse sin demasiadas consecuencias. Cuando la IA empieza a formar parte del trabajo cotidiano, esa situación se convierte en una limitación bastante evidente.

Por ese motivo, uno de los grandes esfuerzos que van a tener que realizar muchas organizaciones consiste en transformar sus datos y sus materiales en conocimiento estructurado que pueda ser interpretado por la IA. No se trata únicamente de almacenar información, sino de organizarla de manera que pueda alimentar procesos de trabajo, responder preguntas complejas y ayudar a tomar decisiones con mayor contexto.

Cuando ese paso se produce, el conocimiento deja de ser un conjunto de documentos repartidos por distintos sistemas y empieza a convertirse en una infraestructura operativa que forma parte del propio sistema de trabajo de la empresa.

Por eso, el cambio real rara vez se mide por el número de licencias o por la cantidad de herramientas utilizadas. Se reconoce cuando empiezan a cambiar las personas, cuando evoluciona la relación con el *software* y cuando el conocimiento deja de estar repartido en diferentes lugares para convertirse en parte del sistema operativo de la organización.

Es en ese momento cuando el discurso empieza a convertirse en transformación real.

Trabajo en equipo y liderazgo en un entorno de trabajo con IA

Hasta ahora hemos hablado principalmente de cómo cambia la forma de trabajar de cada profesional cuando incorpora IA en su día a día. A medida que las personas empiezan a utilizar estas herramientas descubren algo que no siempre resulta evidente al principio. Trabajar con IA no consiste simplemente en utilizar una aplicación nueva, sino en construir una forma distinta de organizar el propio trabajo. Cada profesional termina desarrollando su propio sistema. Aprende a interactuar con las herramientas, decide qué información conservar, qué procesos repetir y cómo estructurar las tareas que realiza con más frecuencia.

Ese proceso tiene un carácter profundamente personal. Dos personas pueden utilizar la misma herramienta y, sin embargo, terminar construyendo sistemas de trabajo completamente distintos. Uno puede apoyarse en la IA para analizar información, contrastar hipótesis y revisar documentos de manera iterativa. Otra puede utilizarla de forma mucho más puntual, como un apoyo ocasional para redactar o resumir información. La diferencia no depende únicamente de la herramienta, sino del sistema que cada profesional construye alrededor de ella.

Sin embargo, una empresa no funciona como una suma de métodos individuales. Las decisiones, los proyectos y los resultados dependen siempre de la interacción entre varias personas. Por ese motivo, cuando la IA empieza a formar parte del trabajo cotidiano, el cambio no se limita a mejorar la productividad individual. Poco a poco empieza a afectar también a la forma en que los equipos coordinan su trabajo, comparten información y toman decisiones.

En una primera fase, cada profesional desarrolla su propio sistema de trabajo. Es un periodo de experimentación bastante natural en cualquier proceso de adopción tecnológica. Cada persona prueba herramientas, descubre qué le resulta útil y aprende a integrar la IA en su método de trabajo. Durante ese tiempo, las diferencias entre unos y otros empiezan a hacerse visibles. Algunos profesionales incorporan estas herramientas con rapidez, mientras que otros prefieren observar primero cómo evolucionan antes de modificar sus hábitos.

Con el paso del tiempo aparece una necesidad inevitable: los sistemas individuales empiezan a encontrarse dentro de un mismo equipo. Cuando varias personas trabajan juntas, la forma en que cada una organiza la información, documenta decisiones o estructura su trabajo termina afectando al conjunto. En ese momento empieza a surgir la necesidad de **construir sistemas compartidos que permitan coordinar el trabajo de todos.**

Esos sistemas compartidos pueden adoptar muchas formas. A veces aparecen como repositorios comunes de información, otras veces como formas acordadas de documentar decisiones o como estructuras que permiten organizar el conocimiento del equipo. Lo importante es que el trabajo deja de depender únicamente de los métodos personales y empieza a apoyarse en sistemas que el resto del equipo puede utilizar.

Durante los próximos años, muchas organizaciones dedicarán una parte importante de su esfuerzo a construir estas arquitecturas de trabajo compartido. No se tratará únicamente de que cada persona aprenda a trabajar con IA, sino de construir sistemas que permitan que ese trabajo individual encaje dentro de una lógica colectiva. La forma en que se organiza la información, cómo se documentan las decisiones o cómo se conectan las herramientas empieza a convertirse en parte del propio sistema operativo de la empresa.

Cuando ese tipo de estructuras empiezan a funcionar, el trabajo del equipo también empieza a reorganizarse de manera bastante natural. Algunas personas se concentran principalmente en ejecutar los sistemas de trabajo existentes, utilizando las herramientas disponibles para producir resultados y alimentar el flujo de información que mantiene activo el sistema. Otras asumen una responsabilidad distinta y se ocupan de revisar los resultados, contrastar análisis y asegurar que los procesos están funcionando con coherencia. Y aparece también una tercera función que hasta hace poco tenía menos visibilidad dentro de muchas organizaciones, la de diseñar y mantener la arquitectura que sostiene todo ese sistema de trabajo. Debes recordar que toda tecnología útil implica un rediseño de procesos y la IA implicará un rediseño de muchos procesos del trabajo en equipo.

Este cambio no será solo de procesos. Una vez que los sistemas funcionen, añadiremos la figura de un asistente en cada uno de esos sistemas.

Durante los primeros momentos de adopción cada persona suele trabajar con sus propias herramientas y sus propios sistemas. Con el tiempo, muchas organizaciones empiezan a construir asistentes comunes que concentran el conocimiento de una función o de un área concreta. Un equipo de *marketing* puede apoyarse en un asistente que conoce la historia de campañas, los mensajes de marca o los aprendizajes acumulados en distintos proyectos. Un equipo comercial puede utilizar un sistema que reúne información sobre clientes, procesos de venta y conversaciones previas. Lo mismo ocurre en finanzas, operaciones o atención al cliente.

En ese momento, la IA deja de ser solo una herramienta personal y empieza a convertirse en una especie de memoria operativa del equipo. Un asistente que acumula conocimiento, al que se le puede consultar información y que permite contrastar decisiones con mayor rapidez.

Este cambio conecta con algo que durante años ha condicionado la forma en que se organizan muchas empresas. Las organizaciones suelen estructurarse alrededor del acceso más eficiente a la información.

Los equipos comerciales trabajan con los datos de clientes y oportunidades. *Marketing* gestiona la información relacionada con la comunicación y la relación con el mercado. Finanzas opera con los datos económicos y la relación con los bancos. Cada área funciona en gran medida porque tiene acceso directo a la información útil para su función.

Cuando el conocimiento puede organizarse y consultarse de forma transversal, muchas de las barreras que separaban áreas empiezan a volverse menos rígidas. Un profesional puede consultar información que antes pertenecía a otro departamento y un equipo puede acceder con rapidez a conocimiento que antes requería intermediarios o largos procesos de búsqueda.

Parte de la eficiencia organizativa que antes dependía de saber quién tenía la información empieza a trasladarse a sistemas que la organizan y la ponen a disposición de quienes la necesitan.

Todavía es pronto para saber hasta qué punto este cambio terminará modificando la estructura de las empresas. Lo que queda claro es que la estructura gobierna la función. Si cambia la forma de organizar el acceso, cambiarán las áreas, los departamentos y, por tanto, la organización.

Durante décadas las organizaciones se han construido alrededor de la gestión eficiente de la información y la IA introduce un escenario distinto, en el que el conocimiento puede circular con mucha más facilidad dentro de la organización.

En ese escenario el liderazgo vuelve a adquirir un papel especialmente importante. Cuando las estructuras tradicionales empiezan a moverse, alguien tiene que ser capaz de mantener una visión de conjunto, acompañar a las personas en el proceso de adaptación y ayudar a la organización a encontrar nuevas formas de coordinar su trabajo.

Dirigir equipos en un entorno donde la IA forma parte del trabajo cotidiano implica interesarse menos por el formato final de los entregables y mucho más por el sistema que los produce. Dirigir un área funcional dentro de una empresa deja de centrarse únicamente en supervisar tareas y empieza a prestar atención a cómo se organiza el trabajo, cómo circula la información dentro del equipo y cómo se mantienen los sistemas que sostienen esa actividad.

La IA puede amplificar la capacidad colectiva de un equipo, pero también amplifica los errores cuando el sistema de trabajo no está bien diseñado. Cuando cada persona utiliza criterios distintos o documenta de forma diferente, la herramienta no corrige esas diferencias, las hace más visibles.

Por eso el liderazgo empieza a mirar hacia una responsabilidad que durante años había recibido menos atención. Diseñar el entorno en el que las personas y los sistemas trabajan juntos, establecer principios comunes sobre cómo organizar la información y asegurar que el conocimiento compartido se mantiene actualizado.

Al mismo tiempo aparece otra dimensión del liderazgo que muchas veces se pasa por alto cuando se habla de tecnología: introducir IA en el trabajo cotidiano implica atravesar un proceso de cambio que no todas las personas viven de la misma manera. Habrá profesionales que se acerquen a estas herramientas con curiosidad, mientras que otros sentirán dudas, resistencia o cierta inseguridad ante una forma de trabajar que todavía están empezando a entender.

En ese contexto, el papel del liderazgo no consiste solo en definir sistemas o supervisar resultados. También implica acompañar a las personas durante ese proceso de adaptación, mostrar con el ejemplo cómo trabajar con estas herramientas y ayudar al equipo a orientarse cuando el terreno todavía resulta incierto.

Los equipos no solo necesitan herramientas o instrucciones. También necesitan sentir que la persona que lidera el proyecto está recorriendo ese camino con ellos y que puede orientar cuando aparecen dudas o dificultades. En muchos casos el liderazgo consiste precisamente en eso: ir unos pasos por delante para poder guiar al resto cuando el terreno todavía resulta incierto.

Las personas que lideran equipos van a tener que acelerar su proceso de adopción para poder guiar a sus equipos a través de sus experiencias y reflexiones. No puedes liderar el cambio si no lo has vivido antes.

Al mismo tiempo, conviene recordar algo que ya hemos hablado en páginas anteriores: la IA puede ayudar a producir análisis, propuestas o documentos, pero no asume la responsabilidad de las decisiones que se toman a partir de ellos.

La responsabilidad sigue siendo humana.

En muchos casos esa responsabilidad se concentra especialmente en quienes diseñan los sistemas de trabajo y en quienes revisan los resultados que esos sistemas producen. Son ellos quienes deben asegurar que los procesos funcionan correctamente, que los criterios se mantienen y que el trabajo generado con ayuda de estas herramientas mantiene el nivel de calidad necesario.

Por eso, el liderazgo no desaparece en un entorno de trabajo con IA. Lo que cambia es el lugar desde el que se ejerce. En lugar de centrarse únicamente en coordinar tareas o supervisar entregables, empieza a concentrarse en mantener la coherencia del sistema de trabajo, acompañar a las personas durante el proceso de cambio y asumir la responsabilidad final sobre las decisiones que la organización toma.

Porque la realidad es que todavía estamos en una fase muy temprana de esta transformación. Sabemos que la forma de trabajar está cambiando y que las organizaciones empiezan a reorganizarse alrededor del conocimiento y los sistemas que lo sostienen. Lo que todavía no sabemos con claridad es cómo terminarán evolucionando las empresas cuando estas capacidades estén plenamente integradas en su funcionamiento.

Por eso, más que buscar respuestas definitivas, lo que empieza a aparecer son nuevas preguntas. Y son precisamente esas preguntas las que vamos a explorar en el siguiente capítulo.

Resumen de ideas

En este capítulo hemos cambiado el foco. Antes hablamos de cómo cambia tu forma de trabajar cuando incorporas IA, y aquí hemos mirado qué ocurre cuando esa misma tecnología entra en una empresa.

Estas son algunas de las ideas que conviene recordar.

1. La IA entra en una empresa que ya existía.

La IA no llega a un espacio vacío. Entra en organizaciones con procesos, incentivos, cultura y preocupaciones distintas según cada área. Por eso, dentro de una misma empresa se producen conversaciones muy diferentes sobre la misma tecnología.

2. Las narrativas internas dicen más sobre las personas que sobre la tecnología.

Antes de que exista experiencia real con estas herramientas ya circulan interpretaciones sobre lo que supuestamente van a cambiar. Algunas hablan de productividad, otras de recortes o de modas pasajeras. Muchas veces esas narrativas reflejan más las expectativas profesionales de cada persona que el impacto real de la tecnología.

3. La adopción empieza cuando la tecnología se conecta con un problema.

Muchas empresas empiezan explorando herramientas sin una dirección clara. Sin embargo, el cambio real aparece cuando la IA se conecta con un problema concreto y se decide hacia dónde orientar esa capacidad dentro de la empresa.

4. La reacción de la empresa depende de su cultura.

Las organizaciones no cambian todas a la misma velocidad. Algunas ejecutan con coherencia lo que deciden, otras necesitan más tiempo para asimilarlo y otras reaccionan por impulsos. La adopción de la IA está condicionada por esa cultura previa más que por la tecnología en sí.

5. La transformación se vuelve visible en tres lugares.

El cambio real empieza a notarse cuando cambian tres cosas: las personas y su forma de trabajar, la manera en que se interactúa con el *software* y la forma en que el conocimiento de la empresa se organiza y se utiliza.

6. El liderazgo debe acompañar el cambio de las personas.

Introducir IA en el trabajo cotidiano no es solo una cuestión tecnológica. Cada profesional atraviesa su propio proceso de adaptación, con curiosidad, dudas o resistencias. En ese contexto el papel del liderazgo no consiste únicamente en definir sistemas o procesos, sino en acompañar a las personas durante ese cambio, mostrar con el ejemplo cómo trabajar con estas herramientas y ayudar al equipo a orientarse cuando el terreno todavía resulta incierto.

7. La responsabilidad sigue siendo humana.

La IA puede producir análisis, textos o propuestas con enorme rapidez, pero no asume las consecuencias de las decisiones que se toman a partir de ellos. En un entorno de trabajo cada vez más automatizado, la responsabilidad sigue siendo humana.

Cap6.

Las preguntas que quedan abiertas

CAPÍTULO 6. LAS PREGUNTAS QUE QUEDAN ABIERTAS

Hablar del futuro siempre implica un ejercicio de proyección. Cuando imaginamos lo que vendrá, solemos proyectar aquello que tememos y también aquello que nos gustaría que ocurriera. Algunas personas imaginan una sustitución masiva de empleos, mientras otras creen que se abre una etapa de productividad inédita y prosperidad compartida. Unos anticipan una concentración extrema de poder en pocas manos y otros confían en una democratización profunda de capacidades.

Cuando hablamos del futuro, en realidad estamos describiendo nuestras expectativas actuales más que un escenario verificable.

El futuro no es un objeto que podamos analizar con distancia científica. Todavía no existe como hecho consolidado. Se construye a partir de decisiones acumuladas, incentivos económicos, inversión, regulación, cultura y acuerdos sociales. No aparece escondido detrás de una cortina esperando a ser descubierto. Se va produciendo con cada elección que tomamos como profesionales, como organizaciones y como sociedad.

Por eso conviene partir de una premisa sencilla. Nadie tiene certezas sobre cómo evolucionará todo esto. Lo único que podemos identificar con cierta claridad son tensiones que ya están activas y que probablemente condicionarán los próximos años.

No se trata de resolverlas aquí. Se trata de reconocer que forman parte del escenario en el que estamos empezando a trabajar.

Las preguntas abiertas

El futuro del trabajo

¿Sustituirá funciones o dará nuevas oportunidades?

La velocidad del avance

¿Asistimos a una aceleración sostenida o a una fase temporal de expansión?

La infraestructura

¿Quién controlará la infraestructura que sostiene esta tecnología?

El marco legal

¿Cómo se resolverán derechos de autor y entrenamiento de modelos?

La soberanía cognitiva

¿Delegaremos el pensamiento o utilizaremos la IA para ampliarlo?

Más allá del trabajo

¿Cómo somos capaces de abordar una sociedad basada en la abundancia frente a la escasez?

El futuro del trabajo

Cada gran avance tecnológico ha estado acompañado por una promesa de mejora. Automatizar tareas repetitivas, reducir costes, acelerar procesos o mejorar resultados. La IA generativa introduce, además, algo que amplía el alcance de ese movimiento. Las herramientas ya no solo optimizan procesos existentes, sino que amplían capacidades cognitivas que hasta hace poco parecían fuera de alcance.

Lo que antes requería horas de análisis puede resolverse en minutos. Lo que antes exigía coordinación entre varios perfiles puede ejecutarlo una sola persona apoyada en un sistema bien diseñado. En ese contexto aparece una cuestión inevitable sobre el futuro del trabajo: si estas herramientas amplían tanto la capacidad productiva individual, surge la duda de si seremos capaces de generar nuevas oportunidades al mismo ritmo al que desaparecen algunas funciones actuales.

La historia económica ofrece precedentes que invitan a la prudencia y también a la calma. La tecnología ha desplazado funciones en muchas ocasiones y al mismo tiempo ha creado otras nuevas. Sectores enteros se han transformado y han aparecido industrias que antes ni siquiera existían. Sin embargo, los periodos de transición rara vez han sido homogéneos. Hay sectores que se expanden con rapidez mientras otros se contraen. Hay perfiles profesionales que se revalorizan y otros que pierden peso relativo.

El ajuste rara vez ocurre de forma bien sincronizada para todo el mundo.

En esta etapa aparece además un elemento que añade complejidad al proceso: la velocidad potencial del cambio. Si determinadas capacidades productivas crecen con rapidez en ámbitos relacionados con el conocimiento, el proceso de adaptación puede resultar más rápido que en revoluciones tecnológicas anteriores que estaban centradas en lo físico.

No sabemos con qué ritmo se absorberá esa nueva productividad ni qué sectores aparecerán para integrarla. El equilibrio todavía está en construcción y dependerá en gran medida de cómo acompañemos esta transición.

La velocidad del avance tecnológico

En pocos años hemos pasado de experimentar con modelos todavía limitados a interactuar con sistemas capaces de generar texto, código, imágenes o análisis complejos con un nivel de coherencia cada vez mayor. La pendiente de avance ha sido pronunciada y eso alimenta la sensación de que todo se acelera.

Como ya hemos visto en capítulos anteriores, el contexto actual combina varios factores que se refuerzan entre sí. Mayor capacidad de cómputo, disponibilidad masiva de datos, competencia entre actores globales y una presión inversora considerable. Todo ello empuja el desarrollo tecnológico hacia adelante.

La cuestión relevante no es si el progreso ha sido rápido. Eso resulta evidente para cualquiera que observe la evolución reciente. La pregunta más difícil tiene que ver con la duración de esa pendiente de avance.

Las curvas tecnológicas tienden a encontrar límites. A veces esos límites aparecen en forma de restricciones energéticas, dificultades técnicas para seguir escalando modelos o simplemente expectativas que tardan más de lo previsto en traducirse en valor económico.

Es posible que en algún momento entremos en una fase de consolidación, más que de expansión acelerada. También es posible que nuevos avances prolonguen la pendiente actual durante más tiempo del que imaginamos hoy.

La incertidumbre en este punto no invalida el progreso observado. Simplemente recuerda que ninguna tendencia se mantiene indefinidamente.

La infraestructura que sostiene esta ola

La IA no se sostiene únicamente sobre *software*. Detrás existe una infraestructura material enorme. Centros de datos de dimensiones inéditas, chips especializados diseñados para cálculos masivos, consumo energético creciente, talento científico altamente concentrado y flujos financieros de gran escala.

Durante los últimos años la inversión ha acudido con rapidez porque la narrativa tecnológica promete una transformación profunda de múltiples sectores. El capital busca oportunidades de crecimiento y está dispuesto a asumir riesgos cuando percibe potencial.

Al mismo tiempo el capital necesita retorno. Si la rentabilidad tarda más de lo previsto, el ecosistema tiende a reajustarse. Algunos actores se consolidan mientras otros desaparecen. Determinados proyectos reciben más recursos mientras otros quedan en segundo plano.

La evolución tecnológica nunca avanza completamente separada de estos ciclos financieros. Infraestructura, expectativas y capital forman parte del mismo movimiento.

El marco legal y los derechos de autor

Otro frente abierto aparece en el terreno jurídico. Muchos de los modelos actuales han sido entrenados con enormes volúmenes de contenido disponible en Internet. Textos, libros, imágenes, vídeos y bases de datos producidos durante años por creadores y organizaciones.

Una parte importante de ese material está protegido por derechos de autor. Las demandas judiciales y las negociaciones privadas ya forman parte del panorama. Todavía no existe un consenso claro sobre cómo regular el entrenamiento de modelos, qué compensaciones pueden ser necesarias o qué límites deberían establecerse.

Dependiendo de cómo evolucione este debate podrían cambiar aspectos relevantes del ecosistema. El coste de entrenamiento, el acceso a determinados contenidos o el equilibrio competitivo entre plataformas.

La resolución de este marco legal influirá en el ritmo y en la forma en que la tecnología se despliegue durante los próximos años.

La soberanía cognitiva

Existe además una cuestión más profunda que atraviesa todo lo anterior. Primero utilizamos las herramientas y con el tiempo esas herramientas empiezan a moldear nuestra manera de trabajar y de pensar.

Estamos trabajando con sistemas capaces de desarrollar tareas cognitivas con una velocidad y una amplitud que superan en muchos casos la capacidad individual. Analizan información, sintetizan documentos, comparan argumentos y generan hipótesis en cuestión de segundos.

El cálculo entendido como procesamiento masivo de información se externaliza.

Cuando esto ocurre, aparece una pregunta inevitable sobre nuestra relación con estas herramientas: ¿Qué significa pensar en un entorno donde parte del razonamiento se apoya constantemente en sistemas externos?

Existe un riesgo evidente. Cuando una herramienta resuelve con facilidad aquello que antes exigía esfuerzo, la tentación de delegar aumenta y el músculo que no se utiliza termina debilitándose.

También existe la posibilidad de que el contacto continuo con un sistema exigente eleve nuestro propio nivel de análisis. Algo parecido a lo que ocurre cuando entrenas con alguien mejor que tú. Esa situación obliga a concentrarse más, a formular mejor los problemas y a revisar con mayor atención los resultados.

En ese contexto la IA puede actuar como un acelerador del pensamiento. Nos obliga a precisar instrucciones, a detectar incoherencias y a revisar los argumentos con mayor cuidado.

La diferencia aparece en la relación que establecemos con la herramienta. Delegar sin supervisión conduce a la dependencia. Utilizar el sistema como espacio de contraste puede fortalecer el criterio.

Existe además una dimensión colectiva que conviene observar con atención. Cuando un grupo adopta decisiones simplemente porque el sistema lo ha sugerido, el riesgo aparece en el terreno cultural. Las organizaciones tienden a aceptar con rapidez aquello que parece objetivo. Sin embargo, ningún modelo agota la complejidad de la realidad.

La responsabilidad de cuestionar las respuestas y de elegir sigue siendo humana. Mantener esa capacidad de decisión es lo que podemos llamar “soberanía cognitiva”.

Más allá del trabajo

Si la productividad cognitiva continúa creciendo y determinadas tareas se automatizan, es razonable imaginar un escenario en el que se genere más valor con menor intervención humana directa en algunos procesos.

En ese punto la conversación deja de centrarse únicamente en la tecnología y empieza a desplazarse hacia el terreno político y cultural. Aparecen preguntas sobre cómo se distribuye el valor generado por infraestructuras altamente concentradas o sobre qué papel seguirá teniendo el trabajo como principal mecanismo de acceso a la renta.

Algunos autores han planteado la posibilidad de una economía de abundancia potencial en la que la capacidad productiva supera las necesidades básicas de empleo tal como lo entendemos hoy.

Un escenario así obligaría a revisar muchas de las bases sobre las que se ha construido el contrato social moderno. La relación entre trabajo, valor y contribución podría cambiar de forma significativa.

No sabemos si nos dirigimos hacia una redistribución más amplia de la riqueza o hacia una concentración todavía mayor de poder y recursos. La tecnología por sí sola no determina el modelo social que termina emergiendo. Las reglas, los incentivos y las decisiones colectivas que acompañan a esa tecnología terminan influyendo de manera decisiva.

Estas tensiones no permiten anticipar un desenlace concreto. Sirven para recordar que el futuro permanece abierto y que múltiples variables se entrelazan en su construcción.

La IA amplifica posibilidades. El rumbo que tomen esas posibilidades dependerá de cómo decidamos utilizarlas, regularlas y compartir sus beneficios.

En ese espacio de decisiones es donde realmente se construye lo que todavía llamamos futuro.

Ya eres un nuevo profesional

YA ERES UN NUEVO PROFESIONAL

Si has llegado hasta aquí, algo ya ha cambiado. No porque el mercado lo haya certificado ni porque tu cargo haya mutado en una tarjeta de visita distinta. Ha cambiado porque has entendido que la forma de trabajar se está desplazando. Cuando cambia la forma de trabajar, cambia también la identidad profesional.

Durante mucho tiempo nos definimos a través de disciplinas relativamente estables: economistas, abogados, ingenieros o diseñadores. Cada profesión delimitaba su propio territorio y el conocimiento avanzaba dentro de fronteras bastante claras.

La IA introduce una variación relevante en ese esquema: al ampliar nuestras capacidades de análisis, síntesis y producción, reduce el coste cognitivo de movernos entre dominios distintos. Permite comprender y ejecutar tareas que antes estaban reservadas a especialistas concretos y facilita que una misma persona explore espacios que antes estaban más separados.

Ese desplazamiento modifica el papel que ha tenido tradicionalmente la especialización. Empieza a ser más habitual desarrollar perfiles capaces de moverse entre diferentes ámbitos mientras se mantiene un espacio de profundidad en el que el criterio se vuelve más sólido con el tiempo.

Aquello en lo que decides profundizar termina siendo también el lugar donde construyes identidad. Es el terreno donde aparecen matices, donde el juicio se afina y donde la experiencia acumulada no puede externalizarse por completo.

En un entorno cada vez más asistido por sistemas, esos espacios de especialización pueden convertirse en lugares donde el valor no depende únicamente del procesamiento de información. También intervienen la sensibilidad, la intuición, la responsabilidad o la capacidad de interpretar situaciones complejas.

También conviene recordar que la IA aprende de datos producidos en el pasado. Identifica patrones existentes y los proyecta con gran eficacia. El futuro, sin embargo, no surge únicamente de esos patrones. También depende de decisiones nuevas que todavía no están escritas.

En ese contexto, el papel del profesional cambia de lugar. Ya no se trata de competir con la máquina en velocidad de cálculo. Lo importante pasa a ser la capacidad de formular buenas preguntas, de interpretar respuestas y de decidir qué dirección tomar cuando la información disponible no ofrece una conclusión evidente.

Probablemente necesitaremos tiempo para redefinir con precisión estas nuevas identidades profesionales. Durante un tiempo convivirán etiquetas antiguas con prácticas que ya han empezado a cambiar.

Lo importante es que el desplazamiento ya está en marcha.

Desde el momento en que comprendes cómo integrar estas herramientas en tu forma de trabajar y asumes la responsabilidad de supervisarlas, tu relación con la IA deja de ser la misma.

En el fondo todo empieza ahí. En el momento en que cambia la manera como miras la tecnología, cambia también lo que eres capaz de hacer con ella.

Cuando cambia la forma de mirar algo, también cambian las posibilidades que aparecen delante.

Y eso es exactamente lo que está empezando a suceder con la IA.

Has llegado al final del libro.

Ahora empieza lo importante.

Aquí tienes acceso a material adicional para profundizar en los conceptos y, sobre todo, para ayudarte a construir tu propio sistema de trabajo con IA.

Encontrarás guías, ejemplos y recursos prácticos para llevar lo que has leído a tu día a día.

Accede aquí:

https://bit.ly/47Cdnz3

AGRADECIMIENTOS

Este libro es un paso más dentro de una trayectoria, por eso mismo quiero agradecer la inspiración, el cariño y el apoyo de una serie de personas.

Carolina, Nico, Luca.

Pitus, Chiqui, Curra, Fernando de la Rosa Sr., Marcela Herrero, Mikel, Joan, Marc, Teo, Marta, Joan, Clara, Roc, Elia.

Eduardo Lazcano, Lucas García, Pablo Galiana, Fernando Polo.

Sr. Martí, Sr. Joan, Alfons Cornella, Javi Creus, Genís Roca.

Sergio, Cris, Checho, Amaya, Berru, Alfonso, Erico, Ana, Oihana, Ester, Fran, Estíbariz .

Sergio Cortés, Jaume Gomà, Jaume Clotet, Ramón Ollé, Pepe Tribó, Sergi Corbeto, Doris, Silvia Rubio, Don Manuel.

Rómulo, Mateo, Manu, Dimitris.

Francesc, Jordi, Paqui, Iñigo, Cris. Alfredo, Nacho, kkiq, Mamen, Ángela.

Pep, Tato, Jordi C., Jordi, Félix, Pedro. Las chicas del AMPA.

Tere, Javier H., Diego, Javier Jr., Mari, Sole, Alfonso, David, Mónica, Ana, Mauro, Ana, Maurete, Mónica, Patricia, Julina, María, Fati, Solsoles , Pepe, Jane, Gavi, Andrea, Elena, Pilar.

Albert, Alberto, Cris, Vero, Marc, Pilar, Odi, Fer, Lore.

Agustín, Susana, Valentín, Dani.

Nuria, Ana, Pilar.

Y a todos los suscritos a @Titonet Pills, a quienes habéis sido mis alumnos en algún momento o simplemente habéis leído algo de lo que he publicado en estos años.

Made in the USA
Las Vegas, NV
03 November 2026

57420896R00149